Hace casi cuatro décadas que conozco a ⸏⸏⸏⸏⸏⸏. Durante ese tiempo, lo he observado caminar con propósito e integridad. Por eso está capacitado para escribir *Recta final*, uno de los mejores libros que he leído sobre correr mi recta final. No importa en qué etapa de la vida te encuentres, permite que Robert te capacite para vivir con intención, gracia y valentía. Esta recta final puede ser el mejor tramo de tu vida.

Michael Hyatt, autor de superventas del *New York Times*

La recta final en la carrera de nuestra vida puede ser el mejor tramo que corramos. No hace falta que nos resignemos; podemos correr con una determinación gozosa. Si lees *Recta final: Permaneciendo en la carrera con propósito,* de Robert Wolgemuth, tendrás un amigo fiel a tu lado que te ayude a correr con vigor hasta el final.

Ray Ortlund, Renewal Ministries, Nashville, Tennessee

Aunque no lo supiera, yo soy el hombre que Robert tenía en mente cuando escribía *Recta final*. Necesitaba este libro; el ánimo, la instrucción, el desafío. Y sospecho que no soy el único. Doy gracias por la sabiduría y la autenticidad que brotan de estas páginas. Nos vemos en la recta final.

Bob Lepine, coanfitrión, *FamilyLife Today*

Más allá de si tu carrera es corta o larga, la clave es correr bien ese último tramo. Se llama la recta final. Escrito por mi amigo Robert Wolgemuth, aquí tienes un libro de lectura obligada para cualquiera que tenga más de 50 años… hombres que estén transitando su recta final. Es una mirada sincera, sensata y bíblica sobre el significado de nuestras vidas en esta etapa. Te mostrará cómo hacer que cada día valga la pena, al acercarte a Dios y ayudarte a obtener una perspectiva renovada sobre tu vida. Recomiendo muchísimo este libro.

Greg Laurie, pastor/evangelista, Harvest Ministries

Inspirador, desafiante, vigorizador y sumamente motivador. *Recta final* es de lectura obligada, no solo para los hombres que se acercan a su sexta o séptima década, ¡sino para *todos* los hombres! ¿Por qué? Es una guía que garantiza un legado duradero de éxito, paz y logros victoriosos para ti y aquellos a los que hayas formado. ¡Lee este libro y empezarás cada año como si fuera la recta final!

Dr. Raleigh Washington, presidente/director general, The Road to Jerusalem y presidente emérito de Promise Keepers

Si quieres que el resto de tu vida sea la mejor parte de tu vida, lee el libro de mi querido amigo Robert Wolgemuth. *Este* libro. Déjate inspirar por las palabras de un hombre que va a la cabeza de la pista hacia la recta final y más allá con fe, valor y gozo. Un libro extraordinario escrito por un hombre extraordinario.

Jack Graham, pastor, Iglesia Bautista Prestonwood

Como aficionado de la gimnasia, soy consciente de los desafíos de correr en forma competitiva, así que conozco bien ese último tramo por la pista... «la recta final». Aquí tienes un libro maravilloso que es exactamente lo que necesitaba para recibir ánimo para correr bien en mis últimos años. Mi parte preferida es que, mientras leía, parecía más como si estuviera conversando con mi amigo Robert que dando vuelta a las páginas de un libro. Inténtalo. Tendrás la misma experiencia. Maravillosa. Créeme.

Ken Davis, autor, orador, director general de The Art in Business of Public Speaking

Las Escrituras nos exhortan a despojarnos de todo peso para poder correr con paciencia y resistencia la carrera que tenemos por delante. Es más fácil decirlo que hacerlo, ¿no? Bueno, en este libro oportuno, práctico y alentador, Robert Wolgemuth nos muestra cómo es posible vivir de tal manera... desde que salimos a toda velocidad hasta que llegamos a la recta final. Me encanta este libro. Necesito este libro.

George Grant, pastor,
Iglesia Presbiteriana Parish, Franklin, Tennessee

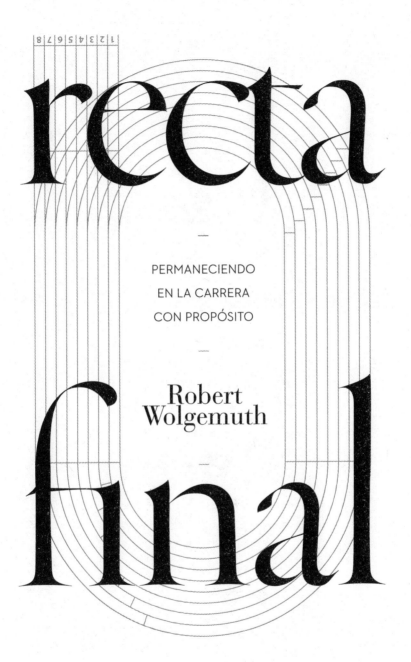

recta

PERMANECIENDO
EN LA CARRERA
CON PROPÓSITO

Robert
Wolgemuth

final

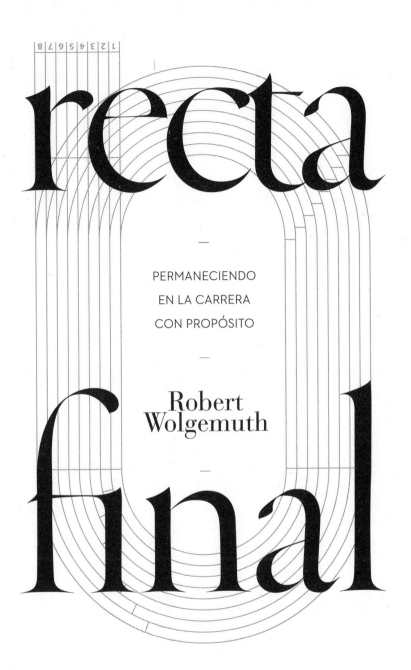

recta

PERMANECIENDO
EN LA CARRERA
CON PROPÓSITO

Robert Wolgemuth

final

B&H
ESPAÑOL
NASHVILLE, TN

Dedicación

Nick Challies

(5 de marzo de 2000 - 3 de noviembre de 2020)

Tal vez te parezca muy extraño que un libro escrito para hombres de entre 40 y 50 años, que se están preparando para entrar a los 60 y los 70, esté dedicado a un hombre que se mudó al cielo a los 20. Es más, nunca conocí a Nick... pero sí conozco a sus padres, Tim y Aileen. Ellos recibieron el peor llamado telefónico que puede recibir un padre. En un instante y sin advertencia alguna, su hijo de 20 años no estaba más.

En el servicio conmemorativo en honor a su hijo, Tim dijo estas palabras:

A cada uno de nosotros se nos da una carrera para correr. Algunos son llamados a correr una carrera larga; otros, una carrera corta. Lo importante no es cuán larga es la carrera, sino lo bien que la corremos. Dios es quien determina cuánto durará esa carrera; nosotros determinamos lo bien que la correremos. Permítanme decirles que es muchísimo mejor correr bien una carrera corta que correr mal una carrera larga.

Dios llamó a Nick a correr tan solo un tramo corto. Algunos reciben 80 años, otros 90; Nick solo recibió 20, pero corrió bien.

J. I. Packer fue un hombre que corrió una carrera muy larga, y una vez dijo: «Opino que [...] deberíamos apuntar a que nos encuentren corriendo la recta final de la carrera de nuestra vida cristiana a toda velocidad, por así decirlo. Exhorto a que ese esfuerzo final sea por cierto un esprint».[1]

Ese era mi muchacho. Corrió velozmente hasta el final.

La historia de Nick —y la forma en que sus preciosos padres enfrentaron esta tragedia con un valor y una gracia singulares— ha sido de gran inspiración y ánimo para mí ya que, por ahora, sigo corriendo. Y, como estás leyendo esto, al parecer, tú también sigues corriendo. Tal como su papá dijo sobre él, que tú y yo podamos correr velozmente hasta el final.

Contenido

Introducción

HACE MUCHOS AÑOS, estaba conversando con el Dr. Tim LaHaye en su oficina en Washington, D.C. Parados junto a la mesa de conferencias al terminar una reunión, hablábamos de la vida y la familia, de escribir y publicar libros. Tim era un hombre con una mirada intensa, una determinación de acero, de baja estatura pero un gigante en el mundo del liderazgo y el pensamiento cristiano. Casi como un comentario al margen, deslizó un bocado de sabiduría que jamás olvidaré.

Como tal vez ya sepas, además de escribir muchos libros por su cuenta, Tim fue el coautor con Jerry Jenkins de la serie de 16 libros de *Dejados atrás*. ¿Cómo les fue a estos libros? Bueno, la mejor cifra que se me ocurre es más de 62 millones de ejemplares vendidos. Así que, si el Dr. LaHaye me daba algún consejo de escritura... yo lo iba a tomar.

Aquel día, me dijo algo que probablemente he repetido unas 500 veces. Tal vez más.

«Un libro es una larga carta para una sola persona».

Para ese momento de mi vida, me había dedicado solo al aspecto comercial de la profesión, y había participado de una u otra manera en unos mil títulos. Sin embargo, no había ningún título en el mercado con mi nombre en la portada. Este comentario de un autor veterano liberó algo dentro de mí que sigue vivo hoy, aunque el Dr. LaHaye está en el cielo desde 2016.

Hoy, he tenido el gozo y el privilegio de escribir más de 20 libros. Y casi con todos, mantuve intencionalmente tan solo a una persona en mente mientras escribía esa larga carta. Por supuesto, siempre que le hablo a un grupo, miro los rostros de las muchas personas que están allí. Pero un libro es diferente. No hay ningún rostro. No hay plataformas. No hay ningún micrófono. No hay multitudes. Tan solo la pantalla de una computadora. No es necesario hacer contacto visual con la mayor cantidad de personas posible.

Así que lo transformo en un juego y me imagino que *hay* un rostro. Un hombre al que le estoy escribiendo. De forma virtual. De esa manera, cuando puedo ver en mi mente una sonrisa cómplice por algo que acabo de escribir, ese rostro me dice que voy por buen camino. Cuando veo una cabeza inclinada a un costado, un ceño fruncido y una mirada inquisitiva, sé que tengo que dar un paso atrás, luego otro adelante, y volver a intentar.

A diferencia de hablar frente a un grupo, la escritura es un medio sumamente íntimo. En este caso, tengo el honor de ser el escritor, y tú, amigo mío, el lector. Aunque, incluso mientras lo digo, tengo bien en claro que no tuve nada que ver a la hora de traerte a este libro. Alguien más ayudó. O alguien te lo recomendó y lo compraste, o te dieron este ejemplar. Pero aquí estás. Y estás leyendo… al menos, las primeras páginas.

Así que, bienvenido. Me alegra mucho que estés aquí.

Gracias por unirte a mí.

Pero, ahora que tienes este libro en tus manos (o que lo estás escuchando en formato de audio), mi tarea es mantenerte aquí.[1] Esto significa que, a medida que voy escribiendo estas palabras en mi computadora, más vale que mi corazón lata con fuerza y esté al borde de mi asiento, si espero que tú tengas la misma experiencia. Mi esperanza, y por cierto, mi oración, es que te quedes conmigo hasta el final. También espero que, por momentos, lo que digo dirija tu mente mucho más allá de lo que estoy hablando. Ya sabes, como un efecto dominó. Yo digo algo que enciende otra cosa, y tu mente se dispara.

Me encanta eso.

Hagámoslo, tú y yo.

¿Quién eres?

Con más de 40 años en el mundo editorial, les he hecho la siguiente pregunta a equipos de comercialización un sinnúmero de veces: ¿Para quién es este libro? ¿A qué audiencia apuntamos?

Como puedes imaginar, este no es un ítem perdido en el programa de comercialización. Es la *razón* detrás del programa de comercialización, así como del resto de la reunión. Además de saber de qué se trata el contenido del libro, es la pregunta más importante a considerar.

Así que hagamos la misma pregunta sobre *este* libro. ¿Para quién está escrito?

Estoy escribiendo *Recta final* para mí y para hombres como yo. (En breve, explicaré a qué me refiero con «recta final»). Hombres que se encuentran en un momento de sus vidas en el que están corriendo el último tramo. También lo escribo para hombres que se están preparando para *empezar* su último tramo, y tienen algunas preguntas, e incluso cierta ansiedad, al respecto. No es poca cosa examinar nuestra propia vida en este momento de la travesía. Transitar la recta final. Es más, es muy importante.

A través de los años, han surgido filosofías que defienden la posibilidad de «volver a empezar». La reencarnación y otras similares. Sin embargo, no son verdad. Como bien se ha dicho: «Solo se vive una vez». A diferencia de otras declaraciones que suelen usarse en mercadotecnia, esta es absolutamente acertada.

El autor del libro de Hebreos en el Nuevo Testamento escribió: «está decretado que los hombres mueran una sola vez, y después de esto, el juicio» (9:27). Lógicamente, si solo *morimos* una sola vez, entonces también *vivimos* una sola vez.

De eso quiero hablar. Solo entre nosotros. En las páginas que siguen, habrá risas y lágrimas, pero principalmente, franqueza. Una conversación sincera. Solo entre tú y yo.

La idea será reflexionar sobre los años que pasaron y, más aún, abrazar el puñado de arena que todavía queda del lado de arriba del reloj, para recibir ánimo sobre las posibilidades que hay en cada granito. La idea no es desanimarnos, sino animarnos respecto al tiempo que queda por correr. Actuar del modo más deliberado posible en el tramo que tenemos por delante. En la recta final. *Tu* recta final. Y la mía.

La idea será reflexionar sobre los años que pasaron y, más aún, abrazar el puñado de arena que todavía queda del lado de arriba del reloj, para recibir ánimo sobre las posibilidades que hay en cada granito.

Recta final... ¿sabes a qué me refiero con eso?

Aquí tienes lo que seguramente *sí* sabes. En una carrera de larga distancia alrededor de una pista, el sonido ensordecedor de la pistola que marca la salida rompe el silencio tenso después de que alguien grita: «¡Corredores, a sus marcas! … ¡Listos! … y luego, *¡Bang!* Y empieza la carrera.

Es un sonido que tiene que ser brusco y deliberado. Supongo que, si se quisiera algo distinto a esta infracción auditiva al silencio del momento, podría haber una grabación de una banda de *jazz* que diera una nota. O de un cantante que entonara una canción de amor. Sin embargo, el impacto sobre los corredores preparados para salir, o sobre aquellos que miran desde las gradas, no sería el mismo. Para empezar bien la carrera, hace falta una pistola.

No es del todo distinto de lo que se nos hizo a cada uno de nosotros al empezar nuestra vida. El médico que nos trajo al mundo probablemente nos tomó de nuestros piecitos violáceos, nos sostuvo boca abajo y nos dio una buena palmada en el trasero. *¡Paf!* ¡Qué maleducado! Pero es una parte necesaria de la rutina. En ese momento, se nos llenaron los pulmones de aire y dejamos escapar un grito, anunciándoles a todos los que estaban en la sala de parto, y especialmente a nuestra madre, que estábamos ahí, listos para empezar. Arrancó la carrera. Esa primera palmada fue como cuando el juez de salida levanta la mano, y aprieta el gatillo necesario de la pistola.

Y ahora, después de muchos años, esa pistola está a punto de dispararse otra vez. Por segunda vez. En la recta final.

En la jerga de las carreras de distancia, la pistola marca la última vuelta a correr antes de que termine la carrera. Y eso es lo que te estás preparando para correr, o quizás estés en el proceso de correr.

De cualquier manera, es inevitable.

¡Paf!

Tu recta final es algo de lo que no puedes escapar.

No sé tú, pero yo tengo una propensión secreta a cuestionar prácticamente todo. Cuando veo un cartel que dice: «Pintura fresca», algo en mí quiere ir a tocarlo... aunque sea un bordecito insignificante... para estar seguro de que el cartel dice la verdad y la pintura está realmente fresca. ¿Te pasa lo mismo?

Hace muchos años, me encontraba en un viaje de negocios. Después de llegar al aeropuerto y alquilar un auto, iba camino a mi reunión de ventas.[2]

Antes de la era del GPS y de las convenientes advertencias tempranas sobre construcción en la carretera o accidentes de tránsito,[3] conducir implicaba descubrir estas cosas cuando llegabas al lugar. Nada de avisos ni de sugerencias de rutas alternativas.

En breve, pasé junto a un cartel amarillo bien grande que anunciaba un puente de salida a ocho kilómetros (cinco millas) de distancia. *Qué interesante, un puente de salida,* recuerdo haber pensado.

Unos cinco kilómetros (tres millas) más adelante, otro cartel me trajo información actualizada. «Puente de salida, tres kilómetros (dos millas). Desvío más adelante». *Esto puede ser real,* pensé. *Pero no puedo darme el lujo de tomar un desvío ahora. Llegaré tarde a mi reunión.*

Entonces, sucedió algo que todavía recuerdo vívidamente. Observé el tránsito que se acercaba en dirección opuesta. Había autos que volvían hacía mí en las sendas de regreso a toda velocidad. *Si realmente hay un puente de salida —razoné—, ¿por qué el tránsito viene en esta dirección?*

Por más tonto que pueda parecerte al leer esto, eso era lo que iba pensando. Como sabía que un puente en construcción afecta a todos los carriles, de ida y de vuelta, supuse que los carteles debían ser sobre una construcción a futuro. No podía ser real, ya que los autos que volvían hacia mí tendrían que haber cruzado el puente. Supuse que los carteles no estaban diciendo la verdad.

Unos kilómetros más adelante, tuve que detenerme. Un cartel inmenso sobre todas las vías de tránsito no dejaba lugar a duda. Había un puente de salida. Unas grúas y excavadoras inmensas confirmaron que, no solo había un puente en construcción, sino que nadie lo cruzaría. No aquel día. En ninguna dirección. Los autos que venían en dirección opuesta sin duda no habían cruzado el puente, sino que tan solo estaban haciendo lo que yo estaba a punto de hacer también: dar vuelta en U, engañando a los autos y a los conductores ingenuos que venían detrás de mí a creer una mentira.

Nadie evitaría este desvío, no importaba adónde se dirigiera cada uno.

Ya que estamos hablando entre tú y yo, tu recta final se acerca. Al igual que el puente frente a mí, no hay manera de evitarla. En algún momento, tarde o temprano, escucharás la explosión de la pólvora y tendrás que aceptar la realidad de que la vuelta que estás corriendo es la última. O al menos, una de las últimas.

Tu recta final se acerca. No hay manera de evitarla.

Y la crudeza de esta realidad, amigo mío, es algo que vale la pena considerar.

Salomón envejece

En este momento, me gustaría que vayas a un lugar tranquilo. Probablemente, tengas varios lugares así en tu vida. Tu auto estacionado en alguna parte podría ser un buen lugar, aunque la desventaja es la tentación de encender la radio o de mirar algo en el teléfono. Por ahora, ya sea que tu lugar tranquilo sea una silla cómoda, un rincón acogedor en tu patio o una esquina en la sala de estar, ¿podría pedirte que mantengas todo apagado? Ve a ese lugar sin llevar nada que te distraiga, donde no te ocupen las tareas, las agendas ni las noticias, todas las cosas que nunca (o al menos, rara vez) te permiten hacer lo que estás por hacer.

Bueno, ¿estás ahí?

Quisiera que consideres dónde estás ahora mismo. No me refiero en cuanto a la geografía. Estoy hablando del ámbito emocional. Físico. Espiritual. Contemplativo. Piensa en tu edad y tu etapa de la vida. Considera algunos de tus fracasos y tus logros. Cosas difíciles y otras más agradables. Tus relaciones. ¿Cómo están? Las buenas y las que necesitan reparaciones. Por último, como suele preguntarme mi esposa Nancy: «¿Cómo está tu corazón?».[4]

¿Por qué todas estas preguntas? En parte, debido a la verdad detrás de la cita famosa de un hombre que conocemos sencillamente como Sócrates: «Una vida no examinada no merece ser vivida». O debido a otro hombre, el cual conocemos en la Escritura y cuya vida puede ayudarnos a examinar la nuestra. Salomón,[5] el rey bíblico de Israel, se estaba acercando a su recta final. Su vida

estaba llena de una clase de opulencia que nosotros no podemos ni siquiera concebir. Su poder era absoluto. Sus riquezas, incalculables. Su estilo de vida hedonista era impensable. Entonces, ¿qué descubrió Salomón cuando miró con absoluta franqueza su vida? ¿Qué vio bajo la lupa de su propia memoria? No quiero arruinarte el final, pero no fue una linda imagen. Todo lo que había logrado y todas las cosas increíbles que había reunido ahora se burlaban de él. Salomón se sentó en su «silla de pensar», parecida a la que acabo de invitarte, y resumió su vida con la conclusión más horrenda que pudo haber sacado.

«Vanidad de vanidades, dice el Predicador,[6] vanidad de vanidades, todo es vanidad» (Ecl. 1:2).

Y, a decir verdad, mientras estamos sentados aquí en silencio, 3000 años después de Salomón, somos susceptibles a esta misma forma de pensar. Esto es algo muy importante. Dedicar el tiempo suficiente para hacerlo de manera correcta es una muy buena idea.

En un artículo publicado en *Today's Geriatric Medicine*, el autor escribió:

> Cuando los adultos mayores entran a la séptima década de la vida, sus pensamientos se vuelcan en forma inevitable a evaluar la vida. ¿Qué logros o triunfos han marcado su travesía de vida hasta el momento? ¿Qué oportunidades presenta la vida respecto a las décadas que vienen? ¿Acaso la vida ha cumplido con las expectativas? ¿Sigue habiendo metas por alcanzar?
>
> Ante el umbral de la adultez avanzada, los pensamientos suelen volverse a la satisfacción en el pasado

y la confianza —emocional, financiera y social— en lo que todavía no ha sucedido. Por desgracia, en el caso de algunos adultos mayores, esta satisfacción y esta confianza son escurridizas o inexistentes. *Y al enfrentarse a la desesperanza en cuanto a la posibilidad de un futuro satisfactorio, algunos adultos mayores deciden terminar sus vidas en forma prematura.*[7]

Así que, si es posible, considera las páginas siguientes como un cordel de salvamento entre tú y yo; un brazo extendido y sincero de parte de un hombre que está haciendo todo lo posible por alentar tu mente y tu corazón durante estos años desafiantes. Estos días de «recta final».

El hombre al cual le escribo esta «carta»

Mi papá nunca me dijo realmente qué sentía al envejecer, pero fue el hombre que miré más de cerca y con mayor atención en su recta final.

Esto fue lo que vi. Por un lado, un hombre habitualmente prudente se volvió más atrevido. Y más reservado. Era el hombre más deliberado que conocí jamás. Pero ya con más de 80 años, mientras mi madre pasaba la noche en un hospital para recuperarse de un reemplazo de cadera, Papá salió (impulsado por un capricho, supongo) y compró un auto. En efectivo.

Aunque no era pobre según las normas comunes, a mi papá tampoco le sobraba el dinero. Sin embargo, mientras esperaba que a mi madre le dieran el alta y pudiera regresar a casa, decidió aventurarse y comprar un Buick. Mamá se enteró cuando le dieron el alta y las enfermeras la llevaron al frente del hospital en una silla de ruedas.

«¿De quién es este auto?», le preguntó.

«Nuestro», respondió él.

«¿Qué dices?», preguntó ella sin llegar a faltarle el respeto, pero esa fue la vez que estuvo más cerca de hacerlo.

Estos cambios en sus patrones de vida habituales, de manera tanto sutiles como sorprendentes, se fueron haciendo más y más evidentes. Mi papá, como una tortuga en medio de una guerra de comida, metió la cabeza adentro a medida que fue envejeciendo, haciéndose cada vez más introvertido. Ahora, no me malinterpretes. Ni por un segundo creo que su cerebro estuviera en punto muerto. Ah, sí que pensaba. Sencillamente, no nos decía en qué estaba pensando. En el caso anterior, estaba planeando entrar a un concesionario, desembolsar dinero y comprar un auto. ¿Quién hubiera dicho?

Recuerdo reuniones familiares durante aquella época en las que la conversación era animada, divertida y a todo volumen. Es lo que pasa cuando decenas de primos se reúnen. Casi todos participaban de la charla. Pero mi papá no. Aunque se esforzaba por sonreír para no parecer crítico o en desacuerdo (mi madre siempre lo ayudaba con esto), recuerdo que se sentaba en el fondo y no emitía sonido. Me preguntaba por qué.

Llegué a la conclusión de que una de las razones por la cual no participaba demasiado era que gran parte de la conversación tenía que ver con las últimas películas, canciones, descargas de YouTube y plataformas de medios sociales. Mi papá era un ejemplo perfecto de la intimidación que suele sobrevenir sobre hombres mayores ante los avances en la tecnología y la cultura contemporánea.

Al mirar atrás, también me he preguntado si quizás tendría dudas sobre los nombres de sus nietos y bisnietos. Para entonces, tenía 17 nietos y decenas de bisnietos. Una familia grande, claro está. Para ahorrarse la vergüenza de llamar a alguien por el nombre equivocado o de preguntarle quién era, decidía no hablar.

Poco después de aquella experiencia familiar, lo encontré sentado solo una tarde tranquila de verano, en un sillón en la esquina de su estudio. Esa habitación era su cueva, y este sillón era su favorito. Era su lugar sagrado. Allí era donde se ponía al día con su lectura de la Biblia, de libros inspiradores y sus boletines favoritos. Pero esta vez, no tenía nada en las manos o descansando sobre su regazo. Estaba tan solo ahí sentado. Le pedí permiso para pasar. Él me sonrió y asintió.

Me arrodillé junto a él para mirarlo a los ojos y le pregunté cómo estaba. «Estoy bien», fue su respuesta predecible, acompañada de una magra sonrisa y una inclinación amable con la cabeza. Pregunté cómo se sentía. Aunque mi pregunta apuntaba a su condición física y médica, que no era la mejor en el momento, él no lo interpretó así. Pensó que le estaba pidiendo una instantánea de su corazón.

Con suavidad, puse mi mano sobre la suya. Sus ojos se concentraron en los míos, como un láser. Esperé.

«Me siento inútil», dijo por fin, en un tono que dejaba entrever una completa derrota.

Se me hizo un nudo en la garganta y se me llenaron los ojos de lágrimas. Era un hombre con una legión de logros. Su familia lo amaba. Personas de todo el mundo lo veneraban. Sus colegas de negocios y del ministerio lo tenían en la más alta estima.

Sin embargo, aquí estaba, en su octava década, sintiendo que la vida se le había ido entre las manos, como si ya no le quedara nada más por hacer. Y, como es el caso en la mayoría de los hombres, su amor propio surgía de logros y desempeño, sabía que sus días más productivos habían quedado atrás. Ahora, creía que no valía nada.

Mi motivación para escribir este libro es intentar retroceder el reloj y ayudar a mi papá, aunque entiendo que ya está en el cielo desde 2002. Aun así, en mi mente, me imagino ayudándolo a prepararse para su recta final, alentándolo mientras la corre.

También me motiva a caminar (y quizás correr) junto a *ti* mientras te enfrentas a esta etapa, al tiempo que me hablo *a mí mismo* con franqueza sobre el tiempo que me queda.

Solo para seguir la pista

En mi búsqueda de buenas respuestas para compartir contigo, he tenido el privilegio de sentarme con algunos de mis amigos, hombres de mi edad, hombres con los que he caminado a través de los años… algunos muy de cerca y otros a cierta distancia. La transparencia de sus fracasos me ha enseñado. Su sabiduría me ha inspirado y me ha ayudado a darle forma a lo que estoy por compartir contigo.

Mi primer libro se publicó en 1996. Era un relato de mi relación con mis hijas, y usé la idea de construir una plataforma de madera como metáfora del «proyecto» de ser un buen papá para estas mujeres. Confesé que, como hombre, no tenía ni la menor idea de cómo criar una hija, pero encontré cierta inspiración al aventurarme a lo desconocido, como al construir una plataforma de madera por primera vez, con la seguridad de que era una tarea que podía hacer bien. También señalé que tener un proyecto importante por delante, como criar una hija, era una empresa digna de mi mejor esfuerzo. Lo mismo sucede con esta recta final. Es el proyecto de toda una vida, el crepúsculo de nuestros años. Y mi esperanza es que te inspire en lugar de abrumarte.

**Recuerda que este libro no habla de la muerte...
de la tuya ni de la mía. Habla de vivir... de correr de
manera intencional y bien despiertos.**

Aun si, a tu edad, la idea de correr no te resulta demasiado agradable, está bien. Yo tampoco corro más en el sentido literal de la palabra. Pero incluso las páginas del Nuevo Testamento, escritas hace tanto tiempo, nos dicen que, en realidad, estamos corriendo una carrera. Así que, haciendo eco de esta metáfora, las páginas que siguen te darán algunas ideas sobre estas preguntas. ¿Hacia dónde se dirige esta carrera, *tu* carrera? ¿Y cuán bien la estamos corriendo?

Recuerda que este libro no habla de la muerte… de la tuya ni de la mía. Habla de vivir… de correr de manera intencional y bien despiertos. Mi oración es que, a medida que leas, recibas ayuda y ánimo, que nuestro tiempo juntos te resulte profundo y te invite a la reflexión, pero que a su vez lo disfrutes y veas que está lleno de posibilidades vigorizantes. Para mí, eso sería maravilloso. Haría que las horas que dediqué a escribir estas palabras bien valgan la pena.

Gracias por acompañarme.

Robert Wolgemuth
Mayo de 2021

CAPÍTULO 1

¿Se necesita un entrenador para esto?

En verdad, en verdad os digo que si el grano
de trigo no cae en tierra y muere, se queda solo;
pero si muere, produce mucho fruto.
—JUAN 12:24

HASTA DONDE PUEDO RECORDAR, la velocidad siempre me fascinó.

En la entrada al frente de la casa de mis padres, casi siempre en el Día de los Caídos, lavaba y enceraba el auto de la familia (y cuando tuve suficientes moneditas en el banco, mi *propio* auto) mientras escuchaba *«Greatest Spectacle in Racing»* [El mayor espectáculo de carreras] por la radio. Por alguna razón, después de haber sido televisado en blanco y negro en 1949 y 1950, las 500 Millas de Indianápolis se transmitieron exclusivamente en vivo por radio hasta 1986, cuando volvieron a salir por televisión a color, estimuladas por los anuncios.

Aunque en realidad, para mí, escuchar la carrera era casi tan maravilloso como mirarla. Mientras limpiaba cada centímetro del auto al rayo del sol, con el sonido agudo de los autos que pasaban a una velocidad vertiginosa en mi pequeño transistor, me quedó un recuerdo grabado en la memoria: A. J. Foyt, Rodger Ward, Graham Hill y muchos otros que jamás serán olvidados.

Cuando tenía trece años, y para alimentar esta obsesión con la velocidad, recibí un regalo de Navidad en 1961 que nunca olvidaré. Era un auto de carreras Indy en miniatura, motorizado por un pequeño motor a gas.

Como este pequeñín, de no más de 30 centímetros (12 pulgadas) de largo, podía alcanzar una velocidad de 160 kph (100 mph),[1] la única manera de jugar con él en medio del invierno helado de Chicago era dentro del garaje familiar, por medio de una correa que le permitía ir en círculos. Aseguré un bloque de cemento de 30 centímetros (12 pulgadas) con una estaca en el centro y lo rematé con un gran clavo en la parte de arriba, para lograr el ancla perfecta. Con un poco de línea de pesca extra fuerte, terminé el invento.

Todavía puedo escuchar el chirrido que hacía mi autito cual soprano mientras zumbaba en pequeños círculos alrededor del perímetro del garaje. El olor agrio del humo azul llenaba el aire. Mi corazón late con fuerza cuando lo recuerdo. Me encanta la velocidad.

Después, estaba la velocidad en bicicleta. Dos de las casas donde crecí estaban ubicadas en calles en declive. Me encantaba subirme a mi bicicleta y andar lo más rápido que podía, inclinándome demasiado sobre mi rueda delantera para evitar que el viento me frenara. Sentir el viento en el cabello era vigorizante. ¿Puedes imaginarlo? Tal vez tú también lo hacías.

Recién en la escuela secundaria, intenté crear velocidad con mis piernas. *Sin* bicicleta. Pero enseguida tuve que aceptar que no tenía el material genético para ser una persona veloz. Yo era el chico de la distancia.

Todos los días después de la escuela, practicábamos con mis compañeros de equipo y corríamos por los vecindarios aledaños. Me gustaba. Y era bueno en eso. Es más, por unas breves semanas (literalmente), sostuve el récord escolar extraoficial de la media milla: los 804 metros en la escuela Edison Junior High en Wheaton, Illinois. Después de cuidar muy bien esta distinción durante un tiempo muy breve, se la entregué a mi compañero Gary Grauzas y nunca volví a ganarla.

Al poco tiempo, mis días de competición se habían terminado, y empecé a correr principalmente para hacer ejercicio. Después, mi fascinación con las carreras de distancia se volvió a una condición más bien de observador. En especial en mi último año en la universidad.

Antes de ese año, había estado probando los límites de mi carácter y mi conducta personal. Supongo que la enseñanza y la represión de mis padres se encontraban en algún punto entre la siembra y la cosecha, por así decirlo. Debido a eso, solía quedarme afuera hasta tarde. Y cuando digo tarde, me refiero a *tarde*. Más bien hasta temprano por la mañana. Y a veces, al regresar al campus, veía a un muchacho que corría por los caminos campestres que rodeaban nuestra escuela en la parte norte del centro de Indiana. Apenas si se vislumbraba la luz matutina en el horizonte, y esta persona ya estaba corriendo sin compañía alguna.

Pregunté por ahí y descubrí que era un estudiante de segundo año de un pueblito rural de Indiana. Se llamaba Ralph Foote, y era un corredor hecho y derecho. No estoy del todo seguro de con cuánta frecuencia veía a Ralph, flaquito como una espiga, en estas carreras veloces, pero sé que fueron muchas, muchas veces. Durante la primavera siguiente, me enteré de que el entrenador de carreras estaba buscando ayuda para la competición de atletismo. La Universidad de Taylor organizaba el evento, y se necesitaban trabajadores a tiempo parcial y ayudantes para mover obstáculos, rastrillar la arena en las plataformas de salto, poner las barras para el salto en alto, etc. Empezó la lista de voluntarios con los que se especializarían en educación física, y como mi compañero de habitación era uno de ellos, yo acepté gustoso la invitación de unirme a él en la competición.

Cerca del final de la tarde, el locutor llamó a los corredores a la línea de partida para la carrera de tres kilómetros (dos millas). Y como todavía no me habían asignado a ningún otro evento, subí con cautela a la cima de la torre de prensa a mirar.

Cuando sonó la pistola de partida, el grupo de corredores salió disparado como si fuera una sola criatura con muchas cabezas. Al final de la segunda vuelta, la criatura había adelgazado bastante. Varios hombres iban a la cabeza. Tal vez unos seis o siete. El resto del campo se extendía unos 27 metros (30 yardas) aproximadamente.

Cuando los corredores terminaron la primera milla (cuatro vueltas alrededor de la pista), la distancia entre los que iban adelante y los que iban atrás abarcaba toda la recta, casi la mitad de la vuelta. El grupo que lideraba se había reducido a tres.

Este trío de corredores permaneció unido durante tres vueltas. Paso a paso, mantenían el ritmo con zancadas veloces y sincronizadas. Mientras los trabajadores temporales en la cabina de prensa miraban sus cronómetros, la emoción aumentaba. «Estos chicos están marcando un tiempo excelente», escuché que decía uno. «Podría haber un nuevo récord de competencia en las dos millas; quizás incluso un récord *estatal*, algo no menor para una universidad tan pequeña».

Por fin, los corredores que iban a la cabeza cruzaron la línea de partida para empezar la última vuelta, y el juez de salida volvió a disparar la pistola. Pregunté qué significaba eso. Era la *vuelta final*. La pistola alertaba a los corredores (que claramente no necesitaban ningún recordatorio) y a todos los demás de que esta era la última vuelta.

Entonces, algo increíble sucedió. Mientras escribo estas palabras, casi 30 años más tarde, todavía puedo sentir la emoción abrumadora de lo que vi aquel día, como si la estuviera experimentando por primera vez. Antes de que el disparo terminara de resonar en los bosques detrás de la pista, uno de los corredores pareció explotar desde el grupo de tres. Era el estudiante de segundo año. *Ralph Foote*. Como si lo hubieran tirado con una honda, salió disparado a toda velocidad. Y aunque los otros dos corredores también aumentaron un poco el paso, en comparación, parecía como si hubieran reducido el paso casi a un trote perezoso.

Todo el estadio se puso de pie. Los competidores que estaban terminando sus esfuerzos se quedaron helados en su lugar. Durante casi medio kilómetro (un cuarto de milla), Ralph no aminoró el paso. El esprint imparable que había comenzado cuando se disparó la pistola no aflojó. Cuando dobló por la última curva para correr por la recta final hasta la cinta, todos estaban mirando y alentando a gritos al muchacho de 19 años. Incluso los deportistas y los entrenadores de otras escuelas lo alentaban. Ralph había estado esperando y entrenando para este momento. La disciplina fiel de sus carreras matutinas en aquellos caminos rurales solitarios le valió su justa recompensa.

Cuando publicaron los tiempos, Ralph Foote le había robado once segundos al récord escolar de las dos millas, y más de diez segundos al récord de la competencia. (¡La primavera anterior, había superado el récord de la competencia por 19.3 segundos!). Y por si fuera poco, estableció otro récord; esta vez, la marca estatal, en las dos millas al año siguiente).[2]

Pero si crees que Ralph Foote *solo* tenía dotes naturales, que era un deportista al cual lo ayudaba su genética o que su éxito se podía atribuir a su régimen obsesivo de entrenamiento,[3] tengo que decirte que él mismo reconoció que, al igual que todos los grandes corredores, tuvo un entrenador de talla mundial, un mentor. El suyo fue George Glass, el entrenador de carreras icónico en la Universidad de Taylor desde 1960 a 1985.

Sería natural preguntarse por qué un corredor necesita un entrenador. Es decir, además de gritar una orden como: «¡Oye, corre más rápido!», ¿qué puede hacer un entrenador de carrera?

En realidad, la respuesta es sencilla. Un entrenador excelente planta una semilla en el corazón de su alumno que dice: «Puedes lograrlo», y «Creo en ti». Instruye a un corredor joven con una estrategia para ganar.

> Un entrenador excelente planta una semilla en el corazón de su alumno que dice: «Puedes lograrlo», y «Creo en ti».

Incluso de mis propios años de competir en carreras de distancia, todavía recuerdo algunas de las exhortaciones de mis entrenadores. Cosas como:

- No pierdas de vista a los demás corredores, pero no te obsesiones con ellos.
- Espera sentir dolor y sigue adelante con resolución y valor.
- Guarda algo para la recta final.

Los entrenadores comunican que hay una manera correcta de empezar una carrera, que hay un método correcto de correr las vueltas intermedias y que la reserva se aprovecha en la recta final. Lo que Ralph sabía era que, si quería tener suficiente energía para terminar, necesitaría escuchar a su entrenador y decidirse a obedecer.

Sería un honor poder hacer esto por ti mientras lees.

Tienes que quererlo

Mi hermano Dan era un luchador de competencia. Yo le llevaba casi ocho años, y asistía a todas las luchas que podía cuando terminé la universidad y no vivía tan lejos del hogar. Si hay algún deporte que tenga falta de glamur y pocas personas en las gradas, un deporte que lleva al extremo la resistencia y las agallas, es la lucha libre.

Una de las historias que me contó Dan fue la de un discurso en los vestuarios que les dio uno de sus entrenadores más duros y (por lo tanto) más exitosos. El hombre estaba intentando que sus muchachos aumentaran el rendimiento, que no se conformaran con la mediocridad y se esforzaran por alcanzar la excelencia. Reunió al equipo después de un torneo decepcionante y los amonestó con la necesidad de «tener la cabeza en el lugar correcto» antes de hacer cualquier otra cosa.

«Si realmente esperan ganar —dijo—, primero tienen que quererlo».

Tal vez suene bastante evidente, pero si queremos que nuestra recta final sea inolvidable—una recta final que realmente signifique algo especial—, es necesario decidir que lo queremos. Habrá momentos en los que tirar la toalla parezca la única opción, momentos en donde demasiados obstáculos e impedimentos y problemas nos impidan correr bien nuestra recta final. Pero, al igual que el entrenador de Dan, ¿puedo animarte —*rogarte*— a que decidas que quieres esto? ¿Que lo quieres de verdad? ¿Para ti?

Si queremos que nuestra recta final sea inolvidable —una recta final que realmente signifique algo especial—, es necesario decidir que lo queremos.

Mi ánimo a abrazar la parte de «querer» en realidad viene con un costo personal muy grande. Requiere que confiese todo, pero es una historia que necesitas conocer.

Crecí en un hogar donde se honraba a Dios. Dábamos gracias antes de comer e intentábamos tener alguna clase de «adoración familiar» al terminar de cenar en familia. La voz de mi madre solía llenar el aire con himnos durante el día y con oraciones que hacía en forma habitual con sus amigas en la sala de estar. Y muchas mañanas, bien temprano, veía a mi papá de rodillas orando por sus hijos y su obra como el líder de un ministerio cristiano. Usaba aquellas primeras horas del día para leer su Biblia. Esa era mi casa.

Así que, desde muy joven, supe que algún día, mi propio tiempo devocional (leer la Biblia y orar), debería ser el equipamiento estándar. Lo hacía a tropezones. Me tropezaba más veces de las que me levantaba. Un orador motivacional en algún retiro a veces me llevaba a volver al buen camino después de haberme descarriado, pero mis hábitos devocionales no tenían nada de habituales.

Adelantemos el reloj 50 años. Soy esposo, padre de dos hijas adultas y casadas, y abuelo de cinco, uno de los cuales está casado. Mi vida no resultó como esperaba. Mayormente, debido a sorpresas buenas. Después de la universidad, pasé seis años ministrando a jóvenes, y desde ahí, me dediqué a las publicaciones cristianas. También he enseñado en la escuela dominical para adultos todos estos años.

En 1996, como dije, escribí mi primer libro y me picó el bichito de la escritura en forma permanente.[4] Al tiempo, ya había escrito dos libros, y luego tres. En 1999, escribí las notas para la Biblia *Devotional Bible for Dads* [Biblia devocional para papás], la cual incluía perspectivas diarias para hombres: esposos y padres.

Por cierto, toda esta actividad vocacional requería actividad y compromiso cristianos, estudio bíblico e investigación. Pero a pesar de todo esto, mi propia vida de oración y lectura de la Biblia —me refiero a la clase que se hace solo para conexión e inspiración, sin el objetivo de enseñar o publicar— era esporádica. En el mejor de los casos.

Entra la señorita Bobbie.[5] Desde que nos casamos en 1970 hasta su muerte en 2014, Bobbie siempre amó la Palabra de Dios. Mujer madrugadora, solía levantarse cuando todavía no había luz y sentarse en su silla favorita para estudiar la Biblia. Lo sé porque muchas mañanas, me despertaba unos minutos después que ella y pasaba en silencio junto a su silla en la sala de estar mientras ella estudiaba, camino a buscarme una taza de café y seguir a mi oficina en la planta alta.

Sin decidirlo a propósito, le había asignado a mi esposa la tarea de ser la lectora diaria de la Biblia y la que amaba a Jesús en nuestro hogar, la que lo hacía solo por amor a Él y con ningún otro propósito en mente.

En resumen, yo era espiritualmente *holgazán*.

Creo que me faltaba esto de «quererlo».

Pero tu Biblia y la mía están llenas de insinuaciones y admoniciones directas sobre tomar las decisiones difíciles para hacer lo correcto… de permitir que tu cabeza guíe a tu cuerpo. Una de mis favoritas viene del corazón del apóstol Pablo, y se encuentra en su carta a la iglesia de Filipos. Escribió esta carta desde una prisión romana cerca del final de su vida y ministerio. *Su recta final*. Probablemente se la dictó a su amigo Lucas, su colaborador con la escritura.

En esta carta, encontramos lo que podría considerarse la marca registrada, el logo, la declaración de posicionamiento, el encabezado de escena de nuestra recta final.

Se encuentra cerca del principio, donde Pablo habló de estar «convencido precisamente de esto: que el que comenzó en vosotros la buena obra, la perfeccionará hasta el día de Cristo Jesús» (Fil. 1:6).

¿Puedes ver en estas palabras la imagen de prepararse para correr la recta final? Esta última vuelta conlleva el recuerdo de la providencia cuidadosa de Dios, Su liderazgo y Su fidelidad en todas las vueltas anteriores que corriste. Es verdad.

Pero otra cosa que Pablo afirma, y que encaja a la perfección con el discurso del entrenador de Dan en los vestuario, viene con un giro poderoso.

Porque es Dios quien los motiva a hacer el bien, y quien los ayuda a practicarlo, y lo hace porque así lo quiere. (Fil. 2:13, TLA)

Permíteme acercarme un poquito para que sepas lo importante que es esto. Nos enfrentamos a esta recta final. Y al prepararnos para transitarla, tú y yo le decimos al Señor que queremos obedecerle. Al igual que un joven corredor en una competencia de atletismo cuyo papá lo alienta desde las gradas, queremos correr de tal manera que Él se alegre. Estamos ansiosos por escuchar que nos diga: «Bien hecho». Esa es la parte de «quererlo».

Pero, según Filipenses 2:13, nuestro Padre no solo nos da el *deseo* de agradarlo, sino que también nos da la fuerza para abrirnos paso por esta recta final con resistencia y gracia, para que podamos llegar a la meta con confianza. Y cuando llegue la hora de colgar nuestros zapatos deportivos —cuando nuestro tiempo en la tierra haya terminado—, que podamos mirar atrás como hizo Pablo, en su propia vuelta final por la pista, y decir:

He peleado la buena batalla, he terminado la carrera, he guardado la fe. En el futuro me está reservada la corona de justicia que el Señor, el Juez justo, me entregará en aquel día... (2 Tim. 4:7-8)

Tal vez estés diciendo: «Bueno, todo eso está muy bien, Robert. Pero ¿qué debería hacer de otra manera? ¿Qué puedo hacer ahora?». Me alegra que preguntes. Justamente por eso estás aquí.

Una nueva resolución matutina

Pasar junto a Bobbie mientras leía en las horas tempranas de la mañana empezó a cambiar cuando le diagnosticaron cáncer de ovarios en etapa IV en 2012. Ahí empezamos a tener algunos de esos momentos matutinos *juntos*. Leíamos la selección de la Biblia en voz alta y orábamos. Qué dulces momentos. Hasta que, en octubre de 2014, después de 30 meses de puras agallas y valor —y una actitud increíble sin siquiera un asomo de queja—, Bobbie se mudó al cielo.

Al finalizar su funeral, pasamos un video de tres minutos que le había pedido a un amigo que armara, donde se mostraba algo que yo había filmado con mi teléfono. Aparecía Bobbie caminando frente a nuestra casa, cantando un viejo himno llamado «Cuando andemos con Dios». No sabía que la estaba filmando.

Cuando andemos con Dios, escuchando su voz,
Nuestra senda florida será;

Si acatamos Su ley,
Él será nuestro Rey,
Y con Él reinaremos allá.[6]

El video terminaba con el siguiente versículo bíblico en la pantalla.

Letras blancas sobre un fondo negro:

> Si el grano de trigo no cae en tierra y muere, se queda solo; pero si muere, produce mucho fruto. (Juan 12:24)

En los días que siguieron al funeral, sentí que el Señor me llamaba a un nuevo compromiso espiritual, el mismo al cual quiero animarte. Siempre un caballero, no me avergonzó ni me aporreó con los hechos. Con los fracasos. Tan solo me dejó saber que, durante mucho tiempo, había avanzado gracias al empuje de Bobbie. Le había asignado a mi esposa aquellos tiempos matutinos con la Palabra y en oración, como si fueran cualquier otra tarea de la casa. Pero esto tenía que cambiar. Necesitaba ejercer la misma disciplina de lectura bíblica y oración diaria que había visto en mi esposa.

Así que tomé esa decisión. Incluso empecé a leer la Biblia temprano en la silla de Bobbie, ahora que ella estaba en el cielo y ya no la necesitaba. Fue casi como si ella estuviera ahí conmigo cada vez, nunca condenándome, sino animándome.

Mientras escribo esto, hace más de cinco años que Bobbie falleció. Son más de 1500 mañanas. Y, aunque no quiero jactarme, puedo decirte que tal vez solo me haya saltado diez mañanas. Probablemente, menos. Esta práctica se ha vuelto tan predecible para mí como colocarme un par de pantalones cómodos y hacerme una taza de café.

Si me permites ser tu entrenador, me sentiría honrado de animarte a empezar con lo básico. ¿Estás dispuesto a decidir ahora mismo —ya sea que te estés *preparando* para la recta final o que ya estés *corriéndola* de manera activa— y comprometerte a pasar los primeros momentos de tu día con el Entrenador y Alentador supremo?

¿Estás dispuesto a decidir ahora mismo —ya sea que te estés *preparando* para la recta final o que ya estés *corriéndola* de manera activa— y comprometerte a pasar los primeros momentos de tu día con el Entrenador y Alentador supremo?

En poco tiempo, este será un hábito completamente valioso. Cuando menos te des cuenta, será algo que esperas con ansias cada día. Algo que, si no puedes hacerlo, tendrá un impacto negativo sobre el día que viene.

Por si te sirve, yo elegí para mi lectura bíblica *La Biblia en un año*[7]. Como tal vez ya sepas, esta Biblia incluye un pasaje del Antiguo Testamento y uno del Nuevo Testamento junto con un salmo y un proverbio. Al finalizar el año, habrás leído toda la Biblia, y los Salmos dos veces.

Es más, para añadir a esta resolución, me gustaría agregar algo que nunca había escuchado antes, mientras estaba empezando a enamorarme de mi esposa Nancy. Mientras leo mis versículos para el día, busco un par que sepa que animarán a mi esposa. Se los envió por mensaje de texto. Durante esas horas oscuras de la madrugada, mientras yo leo y ella termina el sueño de la noche, le envío estos versículos a su teléfono. Así que, cuando se despierta y mira el teléfono, estas porciones de la Escritura la están esperando.[8] Si quieres, puedes preguntarle a Nancy qué significa esto para ella.

Ah, y para que sepas, no es que duerme más de ocho horas. La razón por la que yo me levanto primero es que me fui a dormir la noche anterior mucho antes que ella, así que sus «horas de tranquilidad» son al *final* del día; las mías son al principio. Sin embargo —y este es un «sin embargo» importante— antes de ir a dormir, nos acurrucamos, repasamos el día y oramos. Apenas decimos el último «amén», yo me duermo. Entonces, a la mañana siguiente, antes de empezar mi día, me arrimo a su silueta semicomatosa y le susurro una oración al oído. Un suave apretón de mano me deja saber que me escuchó.

Aunque mi objetivo principal al enviarle pasajes de la Escritura temprano por la mañana es animarla, el plus es la responsabilidad que siento al saber que Nancy se despertará y leerá lo que le envié. Cuando lo hace, suele responderme con un: «Buen día, amado mío», y una afirmación de cuánto aprecia despertarse con esta verdad de la Palabra de Dios. Y de parte de su esposo.

Diré una cosa más al respecto, y luego lo dejaré a tu criterio. Como no nos vamos a poner legalistas en cuanto a cuándo empieza la recta final, puedo decir al menos que no empecé este hábito asiduo hasta cumplir los 67 años. ¡Cómo quisiera haber empezado mucho antes! Pero me digo: *Más vale tarde que nunca.* Hago todo lo que puedo por otorgarme la gracia necesaria y no concentrarme en mi dilación. Además, mi corazón se llena de gratitud por el ejemplo de fidelidad de Bobbie, con todo eso de la semilla que cae al suelo, muere y lleva fruto.

Aunque te daré otras sugerencias a lo largo de este libro para que consideres durante tu recta final, sinceramente espero que, hagas lo que hagas con lo que vayas a leer, no trates este ritual de primera hora de la mañana como algo opcional. Hazlo por tu propio corazón y como un estímulo diario para tu esposa. A ella le encantará. Y te amará cada vez más.

¿No es fantástico?

Así que, en este momento, imaginemos que no estás leyendo un libro. Supongamos que estamos sentados en algún lugar cómodo. Tan solo hablando. Quizás estamos en un banco en algún parque tranquilo o en un rincón en alguna linda cafetería. Me escuchas decir que, para que tu recta final sea una experiencia buena y satisfactoria, habrá algunas cosas que tienes que hacer; probablemente antes o apenas escuches el sonido de la pistola de inicio una vez más y tu última vuelta comience.

Tal vez sea un poco arrogante actuar como si fuera tu *entrenador* de carrera, pero no tengo problema en ofrecerme como tu *compañero* de carrera, el que vaya a tu lado. E incluso antes de meternos en los detalles de estrategia, te pregunto si estás preparado para el desafío. Te animo a pensar con cuidado en tu respuesta respecto a tu disposición de aprender, aun a tu edad. También te recuerdo una de mis frases preferidas, un poco de sabiduría de Henry Ford, un hombre que muchos dirían que está entre los inventores más grandes de la historia: «Todo el que sigue aprendiendo se mantiene joven». ¿No te parece una promesa genial?

**Tal vez sea un poco arrogante actuar como si fuera
tu *entrenador* de carrera, pero no tengo problema
en ofrecerme como tu *compañero* de carrera.**

Y, si me permites modificar las palabras del fabricante de autos, diría: «Cualquiera que esté dispuesto a actuar deliberadamente en esta recta final correrá bien». Es más, uno de los hombres con los cuales hablé sobre esta recta final (el director general de una empresa, con más de 60 años de edad), me dijo: «Lo mejor que puedes hacer para que tu gente participe es dejarle saber que todavía estás aprendiendo». ¿No te encanta?

Otra manera de decirlo es con las palabras de un pastor amigo, un hombre al cual aprecio mucho, que dijo una gran verdad desde el púlpito: «Todo cambio de vida empieza con una sola decisión».[9] Y la decisión que tomas de dejarte entrenar —de permitir que otro te oriente— equivale a un cambio de vida.

Así que aquí vamos. Nos prepararemos para correr y vivir esta recta. Como declara la Escritura, vamos a «poner la mira»[10] en la dirección correcta y darnos cuenta del poder que tiene poner en práctica lo que pensamos.[11] Además, abrazaremos el impacto de la sola decisión de no correr esta vuelta sin intencionalidad, un objetivo claro y gracia.

Será maravilloso.

Oración para la recta final

Padre del cielo, mi Señor y amigo, encomiendo con gratitud esta etapa y la próxima a tu cuidado. Te ruego que me llenes de tu Espíritu para que, a medida que enfrente los desafíos inevitables, no entre en pánico ni desespere, ni pierda de vista tu fidelidad y tu amor inagotable. Te lo pido en tu nombre. Amén.

CAPÍTULO 2

Corredor, a tu marca

Hermanos, yo mismo no considero haberlo ya alcanzado; pero una cosa hago: olvidando lo que queda atrás y extendiéndome a lo que está delante, prosigo hacia la meta para obtener el premio del supremo llamamiento de Dios en Cristo Jesús.

—FILIPENSES 3:13-14

SI ALGUNA VEZ HICISTE carrera de velocidad, conoces los tacos de salida. Colocas ahí los pies: el pie izquierdo, el pie derecho, lado a lado, uno en frente del otro. Después, te pones en una posición de cuatro puntos. Una rodilla abajo y las dos manos hacia el frente. Te apoyas sobre los dedos. El que tiene la pistola de salida la levanta en el aire y declara: «Corredor, ¡a tu marca!».

Todo el trabajo que hiciste para llegar a este momento alcanza su culminación. Cuanto más te hayas esforzado, más preparado estarás. Tu éxito en la pista que tienes por delante dependerá de lo que traigas a este lugar.

De eso quiero hablar. Porque, más allá de que ya te encuentres en la recta final o te estés preparando para cursarla, lo que llevas a este momento —tu familia de origen y tu colección de experiencias pasadas— significa mucho. En un sentido más profundo de lo que tal vez sepas.

Una frase trágica

Hace muchos años, tuve la oportunidad de trabajar con un editor brillante. «Justin» tenía un trato tranquilo y agradable, una memoria privilegiada, un vocabulario digno de un diccionario, y un ojo como un láser. Pero a medida que trabajamos juntos, sentí que algo lo perturbaba. Era como si tuviera todas las herramientas que necesitaba, pero había una indecisión inconfundible, casi un temor, que lo cubría cual mortaja.

Entonces, un día, me dijo qué le sucedía. Es una conversación que jamás olvidaré. Cuando era pequeño y estaba en el jardín de infantes, tenía una maestra que, según me contó Justin, solo podía describirse como malvada. Dado lo que le hizo a él, es imposible saber por qué había elegido esa profesión.

Pero un día trágico, después de que Justin hizo algo que a ella no le gustó, esta maestra le dijo: «Justin, nunca serás bueno para nada».

Al igual que un demonio, 40 años más tarde, las palabras de esta maestra lo seguían acosando. Cada vez que se equivocaba o hacía algo mal, escuchaba esa voz en su cabeza y llegaba a esta conclusión: *Mi maestra tenía razón. Nunca seré bueno para nada.*

¿Puedes imaginar algo tan horrible? Tal vez sí.

Pero, aunque tal vez nosotros no hayamos experimentado el trauma de escuchar a una persona en posición de autoridad profetizar sobre nosotros algo tan negativo, a decir verdad, nuestro pasado influye en nuestro presente. Tiene el poder de formarnos de maneras que son difíciles de evitar.

Un septuagenario

Al escribir estas palabras, tengo 72 años. Cuando este libro se publique, por la gracia de Dios, tendré setenta y *tres*. Así que, esto es lo que he sabido por mucho tiempo. Según el gobierno federal, hace siete años que crucé al frágil mundo conocido como «ancianidad». Soy profundamente consciente de que estoy viviendo mi propia recta final.

Sin embargo, no está desconectada de todas las vueltas que me trajeron hasta aquí, ni de las que vivieron otros que he conocido y que condujeron a las que yo he estado corriendo toda mi vida. Así que, aquí tienes una instantánea de la familia de origen de los hombres que llevo a los tacos de salida. Mientras te cuento la historia, piensa en tu propia historia y su influencia sobre ti. Créeme, es importante.

Los primeros dos hombres de «recta final» que conocí

Gran parte de lo que anticipé sobre mi propia recta final viene de todo aquello que vi en los primeros dos hombres ancianos que conocí. Ellos fueron mis abuelos, por supuesto… el paterno y el materno.

Mis dos abuelos eran alemanes de segunda generación, lo cual significa que la salchicha alemana estaba bien alojada en su ADN colectivo. Se tomaban la vida con mucha sobriedad, labrando la tierra de día y preparándose de noche para los sermones de los domingos en las iglesias que pastoreaban sin goce de sueldo. Nacido en 1892, Graybill G.[1] Wolgemuth era el padre de mi papá. Fuera de la familia, todo el mundo lo llamaba «Padre Wolgemuth». Era un rigorista y no admitía discusión alguna. Mi papá, Samuel (el hijo de Graybill), me contó una historia de un domingo por la mañana en la iglesia cuando él era adolescente. Su papá estaba predicando un sermón mientras el joven Samuel estaba sentado en la parte de atrás del santuario payaseando con sus amigos y comportándose como... bueno, un adolescente. Al ver lo que sucedía, Graybill Wolgemuth se detuvo en medio de una frase, se alejó del púlpito y se dirigió a los escalones al costado de la plataforma. Cruzó el pasillo central hacia el fondo de la iglesia donde estaba sentado su hijo. Al llegar a la fila donde estaba sentado el joven Samuel, le hizo señas para que se pusiera de pie, que pasara por delante de los que estaban sentados en el banco y lo acompañara.

Este sería un momento inolvidable de ajuste de cuentas para el joven Samuel. «Sígueme», le dijo Graybill a su hijo cuando este se le acercó en el pasillo central, en un tono que no dejó lugar para argumento ni discusión.

Mi abuelo, pastor de la iglesia Mount Pleasant Brethren in Christ en Mount Joy, Pennsylvania, regresó al frente de la iglesia, esta vez seguido por un adolescente que iba arrastrando los pies, cabizbajo y profundamente avergonzado. Invitó al muchacho a sentarse en una de las sillas en la plataforma detrás de él, volvió a acercarse al púlpito y terminó el sermón.[2]

Ese era el hombre.

Nadie habría acusado al abuelo Wolgemuth, incluso más adelante en su vida, de ser divertido. Un verano, mi hermano Ken y yo pasamos un par de semanas con él y la abuela. El abuelo decidió que estos adolescentes tenían que experimentar algo de trabajo a la antigua, como si nuestros padres no hubieran hecho un buen trabajo a la hora de prepararnos. Así que nos llevó a un huerto de cerezos. Era tiempo de cosecha, y en el huerto había —al menos para mi mirada adolescente— unos 27 millones de árboles, cada uno repleto de cerezas listas para cosechar.

«Pon a estos chicos de ciudad a trabajar»,[3] le ordenó el abuelo al capataz sin siquiera hacer contacto visual con nosotros. A partir de aquel momento, no nos quedó duda de que al abuelo le habría costado contar chistes desde un micrófono en el club de comedia local. No estaba haciendo ninguna broma. Y a nosotros no nos daba ninguna risa.[4]

En realidad, no puedo recordar ni un momento relajado con el abuelo Wolgemuth. Ni uno. Pero puedo verlo leyendo, escribiendo y sentado detrás de un escritorio enorme en su estudio. Cuando pasábamos por ahí, porque su estudio estaba en el centro de la casa, a veces levantaba la mirada y a veces, no. Si lo pienso, la mayor parte de las veces, no levantaba la mirada. Cuando terminaba en su estudio, también recuerdo cómo se dirigía al establo con una cubeta de agua para lavar su automóvil. Con la mirada baja. Como era un perfeccionista meticuloso, sus cosas —ya fueran las herramientas en su taller o los lápices sobre su escritorio— estaban siempre impecables y en perfecto orden.

Era un hombre enfocado que nunca abrazó con entusiasmo a sus nietos ni, al parecer, sus últimos años.

Mientras estábamos sentados a la mesa para cenar con mis padres y cinco hermanos, podía ver cómo deslizaba discretamente la mano hasta el audífono que tenía en el oído y lo bajaba despacito. De esa manera, evitaba escuchar o experimentar el cotorreo feliz en la mesa. Como niños, entendíamos el mensaje.

Aunque nadie cuestionaba la devoción a Dios de mi abuelo, no veíamos que captara el tema de la gracia. Su casta denominacional enfatizaba la conducta buena y respetable, el color del auto (siempre negro), la vestimenta (siempre oscura y sobria) y el protocolo de crianza (a los niños hay que verlos y no oírlos). Debido a este legado, a mis hermanos y a mí no nos surgía en forma natural el aprender a reírnos y disfrutar del lado más ligero de la vida juntos.

Sin ninguna intención de faltar el respeto, no me gustaba estar con el abuelo Wolgemuth. Siempre que sabíamos que íbamos a pasar tiempo con él, sentíamos miedo.

El otro abuelo

Monroe Sharpe Dourte nació en 1888. Todos los que conocían a mi abuelo materno fuera de la familia lo llamaban «Papi Dourte». ¿Lo ves?

Lo conocí cuando él tenía 60 años y apenas si estaba entrando a su recta final. Aunque yo nunca me di cuenta, los miembros de su familia nuclear recuerdan que tenía un temperamento vigoroso. Pelirrojo hasta finales de su cuarta década, cuando su cabello empezó a volverse blanco, Monroe era el clásico hombre creativo e impulsado por sus sentimientos. Amaba la belleza, la música, la risa, la poesía y a las personas. Tal como a cada uno de sus

35 nietos, cada vez que estaba con él —tan solo un par de veces al año—, me hacía sentir como si fuera uno de sus preferidos. (De verdad creo que yo era el favorito). «¿Quieres venir a mi taller, Bobby?», me preguntaba. ¿Estás bromeando? Por supuesto.

A unos 30 metros (100 pies) de su casa, el abuelo Dourte tenía un taller de carpintería, un cobertizo independiente de madera con una salamandra en el medio. Su leña preferida para encender el fuego eran las cáscaras de nuez que brillaban como el carbón y producían una buena cantidad de calor. Todavía siento el aroma del lugar.

Como le encantaba tallar cosas en madera, su colección de cuchillos era gloriosa. Me acuerdo de cómo se paraba junto a una piedra amoladora para afilar cuchillos y la hacía girar con el pie, mientras volaban chispas inofensivas desde el filo de acero del cuchillo. Recuerdo la mirada pícara de sus ojos azules como el cielo. «No hay nada más peligroso que un cuchillo desafilado», me decía.[5]

A menudo, se podía escuchar su voz de tenor tarareando o cantando alguna melodía. A veces, en inglés. Otras, en alemán. Siempre con alguna letra que honraba al Señor. Evitaré la tentación de seguir y seguir, como cuando uno se pone a mostrar películas caseras, pero permíteme decir que me encantaba estar con el abuelo Dourte.

De muchas maneras, he decidido aferrarme a su ADN que vive en mí más que al otro. Al «Papi» en vez de al «Padre».

No puedo creer que este sea yo

Mi papá nació en 1914, dos meses después del inicio de la Primera Guerra Mundial. Tan solo podemos imaginar la tensión que experimentaba el mundo en esa época.

Pasé gran parte de mi vida tratando de encontrar evidencia de que soy una persona diferente, y no tan solo «una astilla del viejo palo». No es que no amara o respetara a mi padre. Sí lo hacía. Pero siempre quise ser yo mismo. Y cuanto más viejo me pongo, más veo a este hombre cuando me miro al espejo.

Mis cejas tupidas, la posición de mis labios cuando sonrío, la forma de mis orejas, las manchas oscuras al dorso de mi mano cuando levanto la navaja para afeitarme el rostro. Ahí está. Mirándome desde el espejo. Mi papá.

Samuel Wolgemuth gozó de buena salud la mayor parte de su vida. Aunque era un poco más bajo que yo, se comportaba como un hombre mucho más alto. Todo el mundo lo notaba y lo respetaba por esto.

Me encantaban las manos fuertes y fibrosas de mi papá. Todavía recuerdo cómo mi madre le pedía que abriera un frasco de pepinillos. Era muy bueno en eso, y siempre parecía sentirse orgulloso cuando lo lograba. «Ah, gracias, mi amor», respondía mi madre.

Su cuerpo estaba cubierto de vello. Recuerdo cómo el viento le movía el pelaje del brazo cuando lo sacaba por la ventanilla del auto mientras conducía. Y, hasta que falleció, tenía mucho cabello en la cabeza. Gracias, Papá.

Papá era un administrador implacable. Se negaba a aceptar el apodo de «perfeccionista», pero en la práctica, tenía todas las características. Sin lugar a duda. Un puntilloso empedernido. Y yo pude presenciarlo en primera fila.

Una de las últimas veces que bromeé con él al respecto, estábamos conduciendo por un vecindario de casas adosadas en medio del invierno, donde vivían él y mi mamá. Como era costumbre, acababa de negar su perfeccionismo. Entonces, en menos de un minuto, detuvo su auto, lo apagó, abrió la puerta del conductor, salió y se dirigió a un banco de nieve al costado del camino. Al parecer, el muchacho que conducía el quitanieves había mellado el cartel de «Pare» y lo había dejado apenas inclinado al norte, cuando se suponía que debía estar derecho como un soldado.

Mi papá, con ropa de calle y zapatos de salir, puso las manos sobre el cartel y lo empujó con todas sus fuerzas para enderezarlo. No lo logró del todo. Pero para su propia satisfacción al menos, lo había intentado.

Cuando volvió a entrar al auto, me miró y sonrió victorioso. Le devolví la sonrisa. Papá era un hombre que siempre tenía el control y que se *jactaba* (aunque nunca jamás hubiera usado esa palabra) de su propia victoria sobre el autocontrol. Indudablemente, un miembro del club de perfeccionistas.

Pero cuando en su pastel de cumpleaños brillaron 80 velas, como mencioné brevemente antes, vimos cómo algo nuevo empezó a desarrollarse en nuestro papá. Aunque nunca había sido un hombre excesivamente sociable, siempre se había esforzado por ponerse en modo amistoso cuando fuera necesario. Pero en su octava década, ocasionalmente le veíamos una sonrisita tonta, una ligereza de ánimo que no habíamos visto antes. Nos gustaba. Y nos preguntábamos de dónde había salido. Porque con la misma facilidad, lo veíamos irse al lado opuesto. Veíamos un ahondamiento.

Casi una oscuridad. No todo el tiempo, pero más y más con el correr de los años. Todo esto era un misterio para mi madre, mis hermanos y yo.

A los pocos años, su médico le dio lo que resultó ser un falso diagnóstico de enfermedad de Parkinson. Papá incluso se unió a un pequeño grupo de apoyo para otros de su edad que pensaban que padecían esto. Entonces, cuando la medicación que le habían recetado probó ser ineficaz (porque en realidad no *tenía* esta enfermedad), su agitación interior fue en aumento. Sus habilidades motoras empezaron a deteriorarse, junto con la habilidad de mantener el equilibrio cuando caminaba.

Una tarde, mientras caminaba con mi hermana mayor, Ruth, sostenido de su brazo y poniendo con cuidado un pie delante del otro, Papá se inclinó hacia ella y le habló despacio. «No puedo creer que este sea yo», le dijo en apenas un suspiro.

Pero este *sí* soy yo, y *sí* eres tú

En una conversación con un amigo cercano que está entrando a su recta final, le pregunté sobre su familia de origen. Me dijo que, mientras crecía, nunca tuvo nadie que fuera un modelo a seguir. Nadie a quien admirar.

Así que, cuando le pregunté qué había hecho al respecto, me dijo que se transformó en un lector voraz, en busca de ejemplos de hombres que hubieran envejecido con gracia. Y encontró muchos. Grandes hombres que la mayoría estudia por lo que escribieron, por lo que enseñaron y por sus mentes brillantes. Mi amigo buscó «intencionalmente a estos hombres», me dijo, para descubrir lo que hicieron con su propio proceso de envejecimiento. Leyó biografías que ilustraban cómo él quería ser cuando aquella pistola de salida sonara por segunda vez. Qué buena idea. Las circunstancias de tu nacimiento tal vez se parezcan a las de mi amigo y sean muy diferentes a las mías. Quizás no hayas tenido una gran cantidad de ejemplos a mano que te mostraran cómo transitar esta recta final. Tuviste que luchar con recuerdos más dignos de ser olvidados que abrazados.

O quizás fuiste adoptado, y no sabes quiénes fueron tu padre o tus abuelos biológicos. Pero, a pesar de no conocer tu estructura genética, tal vez estuviste rodeado de hombres que te mostraron cómo actuar, cómo hablar y cómo pensar. Puede que no lo hayan hecho de una manera intencional o para formarte, pero igualmente aprendiste de ellos.

Cada uno llega con su propio pasado único, su propia historia de fondo singular. La impresión a fuego de lo que significa ser hombre. Una parte nos bendice y ha jugado un papel importante para impulsarnos hacia delante; otra nos ha complicado el camino con cosas que obstaculizaron nuestro progreso, al punto de seguir necesitando superarla, incluso hoy.

Pero, más allá de nuestro pasado —no importa cómo saltemos desde los tacos de salida ni los esfuerzos en todas las demás vueltas alrededor de la pista—, tú y yo tenemos la opción ahora de hacer algo con lo que ya se hizo.

No hay nada que pueda evitar que esta última vuelta sea la mejor de todas.

La selección por descarte y
otros hábitos molestos

La mayoría de las tiendas de materiales para la construcción preferirían que no te tomes el tiempo de examinar su madera, tabla por tabla, antes de comprar lo que necesitas. Pero a través de los años, esto se transformó en un factor no negociable. Siempre pregunto si puedo elegir las maderas que compraré. Al muchacho con el uniforme del departamento de «materiales de construcción» con su nombre grabado nunca le cae bien mi pedido, pero siempre me deja hacerlo. Quiere lograr la venta.

Esto es lo que llamamos selección por descarte. Es lo que hago cuando llego con mi carrito hasta la madera que me gusta. Una a una, saco cada tabla de la pila, miro los bordes con un ojo cerrado, para ver si está doblada o torcida. Si está demasiado desalineada, la devuelvo a la pila y busco otra.

Cuando miramos atrás a los hombres que hemos conocido —en especial, a los parientes— que enfrentaron su recta final, no deberíamos suponer que no tenemos más opción que aceptar lo que se nos ha dado. Los terapeutas lo llaman *cuestiones de la familia de origen*. Y como crecimos en este medio, sin conocer ninguna otra cosa, estas cuestiones parecen imponentes. Fue lo único que conocimos.

Hace varios años, escribí un libro[6] dirigido a hombres en su primer año de matrimonio y me divertí identificando sus cuestiones de la familia de origen... como algunas cosas por las que no vale la pena luchar. Por ejemplo...

- la clase de pasta dental que usa tu esposa y la
  manera en la que aprieta el tubo

- la forma en que tu suegra doblaba las camisetas
- el estado en el que tu suegra mantenía su cocina
- la manera en que tu papá ordenaba su garaje

Y hay otras que pueden ser sumamente serias. Por ejemplo...

- la manera en que tu familia administraba el dinero, y cómo hablaba del tema
- la forma en que tus padres los disciplinaban a ti y a tus hermanos
- cómo tu familia abordaba los conflictos. ¿Se guardaban todo o explotaban?
- la importancia (o la falta de importancia) de la iglesia para tus padres
- la gracia con la que tus abuelos y tus padres abordaron su propio envejecimiento

A pesar del poder de estas fuerzas, puedes evitar estallar y decir: «Es que yo soy así». No, nunca hay por qué decir eso. Lo mismo sucede con: «Mira lo que me sucedió. No quería ser como mi papá a esta edad (o mi abuelo, mi tío o un hombre que me guio y me enseñó y me dio el ejemplo de lo que es una recta final), y sin embargo, aquí estoy».

Por favor, no lo hagas. Aunque el volante querrá inclinarse en esa dirección, todavía puedes elegir. Los hombres que fueron delante de ti tal vez hayan marcado algunos surcos malos en el camino, pero con esfuerzo e intencionalidad, puedes evitar que tu camioneta se meta en ellos. Puedes mirar y elegir. Tienes la libertad de seleccionar por descarte. Puedes conservar lo bueno y abrazarlo con alegría. Y también puedes descartar lo malo y hacer todo lo posible por olvidarlo.[7]

Puedes conservar lo bueno y abrazarlo con alegría. Y también puedes descartar lo malo y hacer todo lo posible por olvidarlo.

Unas páginas atrás, me tomé el tiempo de desenrollar las hebras de mi propio ADN provenientes de mis abuelos y mi papá. Así que, al igual que cuando estoy parado frente a una pila de maderas, estas son las tablas que quedaron al final. Las de calidad. Las puse en mi carrito porque son derechas y sólidas.

Graybill Wolgemuth me dejó un legado de...

- prolijidad y objetivos
- un amor por la Palabra de Dios y una avidez por aprenderla y enseñarla
- un rechazo por el derroche

Monroe Dourte me dejó un legado de...

- afecto por las personas
- un espíritu agradable y cálido
- disfrutar de la música y la belleza

Mi papá me dejó un legado de...

- generosidad
- atención a los detalles
- esfuerzo

- la habilidad de terminar un proyecto
- un testimonio audaz para Cristo
- y la oración

Entonces, ¿qué pasa con las otras cuestiones que me heredaron estos hombres? ¿Con los atributos negativos? ¿Las tablas torcidas? Sabes a qué me refiero, ¿no? Aunque es cierto que representan algunas de mis tendencias indeseadas, me he esforzado por dejarlas en la pila de madera sin vender. Espero no llevarlas a casa ni intentar usarlas. Deja las torcidas para el próximo que venga. Pobre tipo.

Ahora, es tu turno. Suponiendo que estés considerando el poder y la influencia de los hombres en tu vida, aquellos que corrieron la recta final antes que tú, ¿puedo animarte a hacer una lista similar? Examina la pila. ¿Cómo se ven las tablas que seleccionas? ¿Las que son derechas y de calidad? ¿Usables? Vamos, haz una lista con ítems.

¿Y en cuanto a las que descartarás para que le toquen al próximo? No tenemos por qué hablar de esas. Eso queda entre tú y el Señor. Pero que no sean un impedimento para recorrer tu recta final.

Este eres tú

A medida que envejezco, como lo hizo mi padre, entiendo la sensación de «No puedo creer que este sea yo». Es probable que hayas pensado algo por el estilo. Bienvenido a tu propia recta final: el reconocimiento aleccionador de que tu cuerpo, tu mente, tu capacidad de procesar información y de hablar con la claridad y la velocidad con las que solías hacerlo ya no son los de antes.

Pero por favor, no te preocupes por esto. Les pasa a todos los hombres. Es más, permíteme tomar prestadas las palabras del apóstol Pablo que tal vez no se hayan pronunciado para hombres en su recta final que están examinando las influencias en sus vidas, pero como tantas otras cosas en la Escritura, se pueden aplicar perfectamente a esta situación.

> …olvidando lo que queda atrás y extendiéndome a lo que está delante, prosigo hacia la meta para obtener el premio del supremo llamamiento de Dios en Cristo Jesús. (Fil. 3:13-14)

No estás destinado a ser como uno de esos hombres torcidos que corrieron antes que tú. Puedes decidirte a resistir su influencia. El Señor incluso puede darte la fuerza y el poder para olvidar. Y para seguir adelante.

No estás destinado a ser como uno de esos hombres torcidos que corrieron antes que tú.

Considera este desafío como si estuvieras alcanzando al hombre que Dios quiso que fueras en primer lugar. El próximo capítulo habla sobre esto.

Oración para la recta final

Padre del cielo, es difícil desestimar el dolor que experimenté en mi infancia. Es difícil que no me afecten las fuerzas negativas de mi pasado. Pero hoy, me aferro a estas palabras poderosas que escribió el apóstol Pablo hace muchos años. Estas incluyen dos palabras poderosas: olvidar y proseguir. Por favor, dame la gracia para olvidar lo que necesito olvidar y abrazar tus promesas para hoy y mañana. Quiero vivir con una libertad fresca y sin estorbos para ti. Gracias por escuchar y responder esta oración sincera.

Amén.

CAPÍTULO 3

Dejado atrás

... os habéis vestido del nuevo hombre, el cual se
va renovando hacia un verdadero conocimiento,
conforme a la imagen de aquel que lo creó.
—COLOSENSES 3:10

AUNQUE YA HE ESCRITO ACERCA de esta aventura en
otros libros, la idea de ser dejado atrás me impulsa a volver ahí,
aunque sea por un minuto.

En 1968, junto con 39 compañeros de la universidad, anduve
en una bicicleta Schwinn Super Sport de 11 kilos (25 libras)
durante 6400 kilómetros (4000 millas), desde San Francisco hasta
la ciudad de Nueva York. Para que fuera más sencillo que nos
pasaran los autos y los camiones, andábamos en grupos de cinco o
seis hombres, y dejábamos poco más de un kilómetro de distancia
en el medio.

Después de la primera semana, sin ninguna selección formal,
los grupos de ciclismo quedaron bastante bien establecidos para
los 40 días de pedalear. O *bombear*, como nos gustaba llamarlo.
Es más, otra vez sin instrucciones específicas, los grupos salían
temprano cada mañana más o menos en el mismo orden. Los que
tenían más ganas de pedalear se juntaban en los primeros grupos.
Los que tan solo se conformaban con llegar al final de un día más

iban más al final de la caravana. Los apodamos con cariño «las ruedas pesadas».

Algo que aprendí bastante rápido en los viajes diarios fue que, si no mantenía el paso, pagaría el precio. Si no seguía a mis compañeros en cada vuelta, me quedaría atrás, y para alcanzarlos, tendría que esforzarme el doble. En un momento, perdí el paso y me encontré a una buena distancia del grupo, y me dieron ganas de gritar lo que habría gritado si hubiera tenido 9 años en vez de 19. «¡Ey, chicos, espérenme!».

No fue nada divertido.

En lo que se refiere a la tecnología, siento lo mismo, como si me fuera quedando atrás sin poder evitarlo. Cada vez que escucho a mis colegas hablar de una nueva manera de almacenar datos o de administrar sus reuniones y llamados telefónicos, o incluso sobre algún nuevo programa para ver películas, quiero decirles: «¡Ey, chicos, espérenme!».

¿Conoces la sensación?

En alguna parte del ciberespacio

Hace unas semanas, temprano por la mañana, levanté la tapa de mi computadora portátil. Sin advertencia alguna, apareció un mensaje en la esquina superior derecha de la pantalla: «Su disco está casi lleno. Ahorre espacio al optimizar el almacenamiento».

Como no tenía idea de cómo remediar la situación pero me pareció importante, le envié inmediatamente un mensaje al joven que me ayuda con esta clase de cosas.

«Cuando puedas, te agradecería que me ayudes», decía el mensaje. Pero estaba ocupado y no me contestó de inmediato.

Así que seguí trabajando todo el día y el siguiente... curiosamente, en el manuscrito para este libro.

Pocos días después, cuando volví a abrir mi computadora temprano por la mañana, aquel cuadro de diálogo volvió a aparecer. Como un niño impaciente, la nota reclamaba: «Su disco está lleno. iCloud Drive no funcionará correctamente hasta que libere algo de espacio».

Una vez más, no tenía idea de cómo remediar la situación, así que volví a escribirle al chico que me ayuda con la tecnología: «¡Ay! ¿Podrías ayudarme con esto?».

Al día siguiente, mi joven amigo se ofreció a ayudarme. Expresé mi aprecio y toqué algunas teclas para permitirle acceder de manera remota a mi computadora, y me quedé sentado un rato asombrado al ver cómo el cursor se movía sin mi ayuda. «Esto de compartir pantalla es genial», susurré. Le dije que iría a la planta baja a hacer ejercicio mientras él trabajaba. A él le pareció una buena idea.

Cuando volví a la computadora una hora más tarde, un mensaje instantáneo me esperaba, pidiéndome si podía «reiniciar» la máquina. Como eso sí lo sé hacer (a diferencia de la mayoría de las otras cosas en mi computadora), hice lo que me pidió y cerré todo, esperé un par de minutos y la reinicié. Felizmente, recordé mi contraseña, ya que no suelo apagar mi computadora a menudo.

Hasta ahora, todo bien.

Cuando vi que mi amigo se estaba encargando otra vez de todo, tomé un libro que había estado leyendo. De reojo, podía ver que se seguía moviendo hábilmente por la pantalla. «Bien hecho», dije en voz alta.

Entonces, me llegó un mensaje de texto de él. «Esto llevará un poco más de tiempo de lo que pensé». Por supuesto, yo no tenía problema, siempre y cuando se pudiera solucionar el inconveniente. Alegremente, seguí hojeando mi libro.

Al rato, recibí otro mensaje de texto. «Ya está todo listo. Tienes 100 gigas disponibles. No deberías tener problemas».

«Gracias», respondí y volví a trabajar en el documento que se transformaría en este libro. Me gustaba cómo sonaba eso de «espacio disponible».

Pero, a medida que navegaba por la pantalla buscando archivos, descubrí algo preocupante. No podía encontrar lo que estaba buscando: el manuscrito que había estado escribiendo. Llamé rápido a mi técnico y le pregunté al respecto. *¿Dónde estaban los archivos?* Me aseguró que debían haberse movido a otro lado y que con gusto me ayudaría a encontrarlos.

No te arrastraré más por este drama, pero supongo que ya imaginas lo que pasó. Tarde esa noche, recibí el mensaje que temía. «Todos tus archivos de *Recta final* desaparecieron. Se borraron por error. Lo lamento muchísimo».

Siempre al rescate, Nancy se puso en contacto con uno de sus amigos expertos en informática. Tiene varios. Él les preguntó a algunos de sus amigos. A la mañana siguiente, llegó la noticia. Era imposible recuperar esos archivos.

Mi libro —*este* libro— ya no estaba. A medio camino.

Cuando la realidad de lo que había sucedido fue penetrando, le envié a mi amigo este mensaje:

El colega de Nancy se lo pasó a un par de especialistas en Mac. Están un 99 % seguros de que no se pueden recuperar los archivos. Supongo que descubriste lo mismo al investigar un poco más. Como ya sabes, esto es especialmente difícil ya que tengo una fecha de entrega estrecha para el manuscrito. Lo que perdí no se puede recuperar. Unas 60 horas o más de trabajo. Sé que tus intenciones fueron totalmente puras y que sabes lo catastrófico que es esto. Así que te pido que ores, no solo para poder recuperar los enlaces, las ideas y las palabras, sino también por mi corazón, mientras intento esquivar el desánimo. Gracias. Robert

Y como es un joven piadoso con un corazón tierno y humilde, me respondió de inmediato:

Ay, Robert. Lo lamento tanto. Es un desastre. Tengo lágrimas en los ojos de solo pensarlo. Por supuesto que estaré orando por ti mientras escribes y por tu corazón. No puedo creer que esto haya sucedido. ¡Uf! Por favor, avísame si hay algo tangible que pueda hacer para ayudar mientras trabajas en este manuscrito.[1]

Por supuesto, la belleza de la tecnología nos permite crear documentos, editarlos, compartirlos y almacenarlos. El peligro de esa tecnología es que, con el desafortunado clic de una tecla, todo puede desaparecer.

Como no sucede casi nunca, tratamos de no pensar en ello. Pero cuando me di cuenta de que, en esencia, tendría que empezar otra vez, me encontré extrañando las libretas de hojas amarillas y los manuscritos a mano.

Forasteros en un mundo de nativos

Aunque los hombres de nuestra edad solemos reírnos de que la tecnología se nos adelanta a pasos agigantados, la realidad es que no tiene nada de gracioso. Aun si sabes usar bien tu teléfono celular, tu computadora portátil o tu iPad, tú y yo sabemos que hay muchísimo que no entendemos. Cuestiones que, en el mejor de los casos, nos dejan con la sensación de que nos quedamos atrás en la polvareda. En el peor de los casos, puede destruir por completo nuestro trabajo.

Aunque los hombres de nuestra edad solemos reírnos de que la tecnología se nos adelanta a pasos agigantados, la realidad es que no tiene nada de gracioso.

En este momento, podría presentar un montón de estadísticas sobre la tecnología, pero no es necesario. Igualmente, esos números quedarían desactualizados al final del día. Tú mismo puedes buscar en Google: «datos sobre la tecnología» y lo verás. Algunos de los que más me asombran: hoy en día, hay más dispositivos electrónicos en uso que personas en el planeta. Casi 600 sitios web se crean y se activan todos los días. Más de una de cada dos personas en la tierra hace una búsqueda en Google cada día (estamos hablando de 3500 millones de personas). Además de la tecnología en sí, hoy en día, hay 2200 millones de aplicaciones (apps) que se pueden descargar en tu teléfono. Para casi cualquier cosa que se te ocurra, hay una aplicación. ¿Y qué me dices de las redes sociales? Una vez más, hasta hoy, hay más de 75 maneras de permanecer en contacto con las noticias, los chismes tontos, los activistas enfurecidos y, por supuesto, con tus «amigos». Puedes buscar rápidamente esta información y quedar tan abrumado como yo.[2]

Además, lo que hoy es nuevo queda obsoleto mañana. Los avances emergen como una avalancha. La mayoría de los jóvenes se mantienen al día con todo esto. Pero a menos que seas extraordinario (y eso es una posibilidad), tú no puedes, y yo tampoco.

Así que, en lugar de preguntarte qué te parece este avance increíble, permíteme preguntarte lo siguiente: ¿Cómo te hace sentir todo esto?

En vez de esperar tu respuesta, yo contestaré primero.

Me hace sentirme abrumado. Perdido. Incluso enojado, porque no me gusta que me dejen atrás en la oscuridad. Me siento tonto.

Inútil.

Quiero gritar: «¡Ey, chicos, espérenme!».

Esa sensación en la boca del estómago cuando estamos perdidos

Hace no mucho tiempo, caí en la cuenta de que, gracias a la llegada del GPS, hemos perdido casi por completo la sensación de estar... perdidos.

En general, doy gracias por esto. Digo «en general» porque la sensación de estar perdido en realidad es un gran motivador para mí. Cuando estoy perdido, siento desesperación por volver a encontrar territorio familiar. Si pierdo la capacidad de sentir eso, es fácil volver a dormirme en los laureles y terminar dependiendo de la tecnología para que me diga adónde ir, en lugar de en realidad *saber* dónde estoy y aprender a conducirme con éxito. Para mí, los problemas con la computadora me generan esa misma sensación de estar perdido. Es peor que los problemas con el auto. Mucho peor. Dependemos tanto de la tecnología que, cuando no funciona, esta sensación espantosa puede ser abrumadora. ¿No es cierto?

Para mí, los problemas con la computadora me generan esa misma sensación de estar perdido. Es peor que los problemas con el auto. Mucho peor.

Así que, permíteme unirme a ti como el receptor del siguiente mensaje antiguo. Me estoy predicando a mí mismo aquí:

No temas, porque yo estoy contigo; no te desalientes, porque yo soy tu Dios. Te fortaleceré, ciertamente te ayudaré, sí, te sostendré con la diestra de mi justicia. (Isa. 41:10)

Por supuesto, el profeta Isaías no había podido concebir las frustraciones de la tecnología que a nosotros nos cuesta entender. Sin embargo, sus palabras a la nación de Israel encajan a la perfección aquí. Palabras como «temas», «desalientes» y «fortaleceré» son exactamente lo que siento y lo que necesito cuando me enfrento a una situación para la cual no tengo respuesta.

Entonces, ¿qué deberíamos hacer?

La frase clave aquí es: *No desesperes*. Esto incluso puede ser divertido.

No hace falta volverse loco

Uno de mis amigos cercanos de toda la vida, un hombre brillante (nada menos que un médico), ha intentado desafiar el progreso aferrándose a su teléfono plegable. «Sí —insiste—, puedo enviar mensajes de texto desde mi teléfono». Cuando lo escucho decir esto, sonrío. Porque, como probablemente sabes, enviar mensajes de texto desde un teléfono plegable es lo menos eficiente y rápido que existe. Él toma mis bromas con mucha amabilidad.

Aunque la tecnología puede ser una fuente de frustración para hombres de nuestra edad, permíteme animarte a no abandonarla por completo. Es más, como es probable que para esta altura ya tengas nietos, y como tus nietos nacieron con una propensión natural para esta clase de cosas, tu teléfono inteligente puede ser el portal que necesitas para mantenerte en contacto con ellos.

Y créeme, puedes lograrlo. Incluso *yo* aprendí a hacerlo, el tipo que perdió todo el libro que estaba escribiendo.

Parte de la diversión es aprender a configurarla para las necesidades y deseos de cada uno. Por ejemplo, tengo un nieto que casi nunca me contesta los mensajes de texto, pero cuando lo llamo usando FaceTime, casi siempre responde. Tengo una nieta a la que le encanta enviar mensajes. A veces, sus respuestas llegan a los pocos segundos de que yo le envío un mensaje. Mi única tarea, además de tener un teléfono inteligente actualizado, es saber qué funciona con cada uno de estos niños. Y después, usarlo siempre que pueda.

Anoche, Nancy y yo «hicimos FaceTime»[3] con una pareja a la que hace años que queremos mucho. Son un poco mayores que yo, y ellos también estaban encantados con lo que se divierten al «videollamar» a sus hijos y nietos. ¿No admiras a esta pareja tanto como yo?

Además de desearle a él un feliz cumpleaños (ayer cumplió 77), pasamos un hermoso tiempo poniéndonos al día. Ellos sabían que estoy trabajando en este libro, así que, durante un rato, hablamos sobre este misterio de «envejecer». Mi amigo me dijo que ahora tiene un «educador del habla» que lo ayuda cuando le cuesta «encontrar palabras conocidas». Expresó que a veces, él y su esposa están en medio de una conversación, y no le sale alguna palabra. Su mente sabe la palabra, pero en algún punto entre su cerebro y sus labios, queda atascada.

Lo que me asombró (y todavía me asombra, mucho después de nuestra charla) fue cuán «lleno de gracia» estaba él al hablarnos de lo que le sucedía. Estamos hablando de un hombre que podía leer un libro en un día y recordar casi todo lo que había leído. No sé si alguna vez hizo una prueba de CI, pero no me sorprendería si fuera candidato para Mensa.[4] Sin embargo, cuando hablamos de estos desafíos de «búsquedas de palabras», ni una vez detectamos enojo ni frustración de su parte. Además, parecía no haber temor. Este es un hombre que tendría todas las razones para sentirse molesto con la nueva realidad que trae envejecer, pero no se sentía así. Incluso su esposa parecía apoyarlo y no mostraba ni una pizca de cinismo respecto a lo que su esposo estaba enfrentando.

Y en todo, mi amigo se mantuvo bastante al día con la tecnología. Sus respuestas rápidas a mis mensajes de texto lo evidencian. También su uso de Zoom para conectarse con su familia. Pero aunque sus hijos, y en especial sus nietos, están mucho más adelante que él en cuanto a tecnología, mi amigo no se queja. No está gritando: «¡Ey, chicos, espérenme!». Mi amigo está aceptando esta etapa de la vida con una paciencia increíble.

Y nosotros podemos hacer lo mismo.

Sin enojo, sin temor

Hace mucho, Jesús dijo algo sobre esto de sentirse abrumado (y a veces, enojado) cuando te dejan atrás. Por supuesto, no se refería al uso de la tecnología en particular; estaba hablando de algo mucho más grande. Pero para mí, Sus palabras aquí no tienen precio.

«Conoceréis la verdad, y la verdad os hará libres». (Juan 8:32)

Bueno, hablemos sobre la verdad. ¿Cuál es la verdad sobre la tecnología y toda la idea de quedarse atrás?

La tecnología está aquí para quedarse

A veces, Nancy y yo nos sentamos en nuestra terraza que mira al oeste y miramos los cambios en el clima. Puede ser una nube oscura de tormenta o el cielo azul justo detrás de ella.

De la misma manera en que la tormenta se avecina y tenemos que buscar refugio si no queremos mojarnos, la tecnología es inevitable. Por más extendida que esté hoy en día, lo estará más aún mañana.

Te animo a hacerte amigo de la innovación. Encuentra a alguna persona joven que tenga la paciencia para acompañarte por las idas y venidas de la tecnología. Los menús desplegables. Los enlaces y los mensajes emergentes. Tal vez serías incluso capaz de pagarle un anticipo de honorarios para que esté a tu disposición para ayudarte cuando lo necesites. Con esta clase de ayuda, la tecnología puede transformarse en nuestra amiga; una manera increíble de mantenerse en contacto con nuestros seres queridos y, sí, una fuente de inspiración y aprendizaje.

Nunca terminarás de ponerte al día con la tecnología

Todos los días, hay nuevas innovaciones. A veces, hay varias por día. Esto es inevitable, así que significa que siempre estarás un paso atrás de lo último que hay. No te preocupes por esto. Siempre y cuando puedas hacer lo que necesitas, alcanza y sobra. Confórmate con eso.

Todos los días, hay nuevas innovaciones. A veces, hay varias por día. Esto es inevitable.

La tecnología puede ser un regalo

Aunque ahora le regalé la mayoría a mi yerno, hubo una época en la que las herramientas en mi garaje eran la envidia de los muchachos de mi vecindario. Una sierra caladora, pistolas de clavos, un compresor, una sierra circular, taladros inalámbricos de toda forma y tamaño... todas estas cosas y más me permitían abordar muchos proyectos. He escuchado a mi hija decirles a sus hijas adolescentes: «La tecnología es una herramienta, no un juguete». Es verdad. *Una herramienta.* Así que, vamos. Piénsalo de esta manera. Como si fueras a comprar una herramienta. Obtén las últimas actualizaciones, busca a esa persona joven para que te ayude, y anímate. Así como la primera vez que fui a bucear y metí mi rostro con máscara debajo de la superficie del mar, hay cosas increíbles para descubrir si te permites ir en busca de algunas buenas herramientas tecnológicas.

Puedes hacerlo sin temor. Es más, en el ciberespacio, hay mucha alegría aguardándote.

Oración para la recta final

Querido Padre del cielo, al ver en tu Palabra historias de hombres y mujeres que, mediante su fidelidad, cambiaron el mundo para siempre, recuerdo que lo hicieron sin electricidad. No tenían manera de predicar el evangelio más que de boca en boca o a través del poder de la presencia y las relaciones. Hoy, el evangelio se puede extender a todo el mundo. Perdóname por enojarme con lo que no entiendo, y ayúdame a abrazar la tecnología como un amigo en lugar de considerarla un enemigo. Además, perdóname por pensar que estoy indefenso y sin remedio sin el último iPhone o sin acceso a las funciones más recientes del internet de alta velocidad. O sin el conocimiento que me gustaría tener para entender todas estas cosas. Quiero estar plenamente satisfecho con lo que me has provisto: un amor por ti, una mente sana y amigos que no piensan menos de mí porque haya cosas que no entiendo. Me deleito en la verdad de que soy tu hijo, y eso es suficiente. En el nombre de Jesús, amén.

CAPÍTULO 4

Monólogo interno

Pues como piensa dentro de sí, así es...
—PROVERBIOS 23:7

TAL VEZ TE CONSIDERES un poco introvertido. Disfrutas de pasar tiempo a solas. O quizás seas extrovertido y parlanchín hasta la médula. Te sientes más cómodo cuando estás rodeado de muchas personas.

En general, las multitudes drenan la energía de los introvertidos. Los extrovertidos se energizan en la multitud.

En cualquier caso, a medida que te acerques o si ya estás experimentando tu recta final, es probable que te encuentres más a menudo solo y con más tiempo para conversar... contigo mismo. Hablando contigo mismo. Escuchándote. Dándote consejos. Criticándote. Quizás incluso te des palabras de afirmación. Tal vez lo haya hecho cuando era más joven, pero no lo recuerdo. Al menos, no tanto como ahora.

Parece ser algo nuevo para mí. El gran predicador galés del siglo xx, Martyn Lloyd-Jones, abordó esta idea:

> El principal problema de toda esta cuestión de depresión espiritual en cierto sentido es este, que permitimos

que nuestro ser nos hable, en lugar de hablarle a nuestro ser. ¿Estoy intentando ser deliberadamente paradójico? Todo lo contrario. Esta es la esencia misma de la sabiduría en esta cuestión. *¿Te has dado cuenta que gran parte de tu infelicidad en la vida se debe a que te estás escuchando a ti mismo en lugar de hablarte a ti mismo?*[1]

¿Cuán poderosa es esta advertencia? «Escucharse a uno mismo en lugar de hablarse a uno mismo».

Lloyd-Jones sigue diciendo:

Apenas te levantas por la mañana, toma esos pensamientos que te surgen. No los originaste, pero empiezan a hablarte y te traen otra vez el problema de ayer. Alguien está hablando. ¿Quién te está hablando? Tu *yo* te está hablando.[2]

En mi caso, confieso que la mayoría de las veces, las voces matutinas que escucho tienen un tono de desdén y juicio. A veces, en medio de la oscuridad, mientras me abro paso con dificultad por la sala de estar con una taza de café en la mano rumbo a mi estudio, me tropiezo con un sofá que hace años que está ahí. O me enredo con mis propios pies sin razón aparente.

Qué torpe eres, dice la voz.

¿Alguna vez la escuchaste?

O abres la puerta del auto y te golpeas la cabeza. ¡Bam! ¡Ay!

¿Qué te sucede, zoquete? ¿Acaso todo te sale mal?

¿Te suena conocido?

O no puedes encontrar el teléfono. Otra vez.

¿Por qué no puedes hacer nada bien, viejo tonto?, te regaña la voz.

O estás con algunos amigos y sus hijos, y pareciera que las conversaciones a tu alrededor no te incluyen. Ni siquiera los niños parecen estar interesados en ti. *A fin de cuentas, realmente no sirvo para nada,* te escuchas susurrar.

Anoche, en una conversación con mi esposa, mientras intentaba recordar el nombre de una persona muy, pero muy conocida, me llevó un minuto —60 segundos completos— poder traer a la memoria el nombre de esta persona.

¿Que te pasa, Robert? ¿Un comienzo temprano de la enfermedad a la que tanto le temes?

Uno de mis relatos favoritos de esta realidad del monólogo interior vino del difunto Zig Zaglar. Un golfista se acerca a la caja de salida en un hoyo par tres corto. Son tan solo 137 metros (150 yardas) hasta la bandera. Pero entre él y el *green* hay una superficie acuática considerable. Mientras sus tres amigos observan, él saca un hierro 7, se inclina, coloca la pelota sobre el soporte y se para derecho, listo para pegarle. Después de mecerse varias veces y dar unos grititos, coloca el palo hacia atrás y golpea la bola con fuerza. Pero en vez de salir volando por el aire, la bola rebota unos pocos metros y cae en el agua. El golfista se da vuelta y se queja con sus amigos: «Ya sabía que haría eso. Algo me dijo que esto iba a suceder. Detesto este hoyo».

Zig decía con su acento típico del sur de Estados Unidos: «Esta forma de pensar te inclina a fracasar». En cambio, podría haber escuchado un monólogo interior diferente: «Oye, quédate tranquilo ahí adentro. Este hoyo de agua no tiene por qué superarme. Voy a lanzar mi pelota de golf al centro del *green*. Tan solo mírame».

Entendemos esto, ¿no? El hombre debería haber contestado enseguida y de un modo provocador a la voz que le susurraba al oído: «Oye, yo no soy así. Soy más sensato que eso».

El rey David tendría que haberlo sabido

Algunos podrían desestimar lo que acabo de decir como una tontería motivadora contemporánea. Pero no es así. Los peligros de este monólogo interior posiblemente peligroso se remontan mucho, mucho más atrás de lo que pensaríamos.

Tal vez la mejor colección de esta conversación con uno mismo se encuentra en el libro de Salmos. La próxima vez que mires esta obra literaria impresionante, considera la respuesta a esta pregunta: «¿A quién estaba escuchando el salmista? ¿Y a quién le estaba hablando?».

Por supuesto, es imposible saberlo a ciencia cierta en cada uno, pero creo que muchos de estos tesoros (a menudo, escritos por el rey David) son sobre un hombre que escucha a escondidas. A él mismo.

> Angustiado está mi corazón dentro de mí, y sobre mí
> han caído los terrores de la muerte. Terror y temblor
> me invaden, y horror me ha cubierto. (Sal. 55:4-5)
>   ¿Por qué te abates, alma mía, y por qué te turbas
> dentro de mí? (Sal. 42:11)[3]

En todos estos casos, las voces que escucha resultan en terror. Y confusión. Además, parecen venir desde su interior.

Sí, me escuchaste bien. El rey David, el hombre conforme al corazón de Dios... escucha voces interiores.

Pero, como sucede tan a menudo en los Salmos, si te quedas un rato, la respuesta surge después de que se describe el problema. Lo único que tienes que hacer es esperar, como cuando miras cómo tu tostadora entrega una feliz rodaja matutina de pan caliente lista para untar con tu mermelada favorita.

Ten piedad de mí, oh Señor, porque a ti clamo todo el día. Alegra el alma de tu siervo, porque a ti, oh Señor, elevo mi alma. (Sal. 86:3-4)

A menudo, tú y yo escuchamos una voz. Quizás, por la noche. Este agente silencioso nos dice que estamos viejos y que no valemos nada. Así que, podemos hablar con nuestro Padre al respecto, y esto es lo que nos responde, mediante Su Hijo: «Como el Padre me ha amado, así también yo os he amado; permaneced en mi amor» (Juan 15:9).

A menudo, tú y yo escuchamos una voz. Quizás, por la noche. Este agente silencioso nos dice que estamos viejos y que no valemos nada. Así que, podemos hablar con nuestro Padre al respecto.

Mientras contemplo estas palabras, me asombra su poder. ¿Es la primera vez que escucho respecto al amor de Dios por mí? No. Tuve la bendición de tener padres (en especial, una madre) que me dijeron esto muchas veces mientras crecía. Escucharlo ahora no me sorprende.

Sin embargo, debería.

«Eres un buen chico. Te amo».

Durante muchos años, cuando me metía a la cama a la noche, repasaba las actividades del día. Y al igual que un padre, un maestro o un entrenador, según lo que había logrado, me asignaba una calificación: bien por esfuerzo, buenos resultados, hombre digno. Duerme bien, campeón.

Pero a veces, a mi edad, se arremolinan en mi mente sentimientos de tristeza a la hora de dormir, incluso reproches por los fracasos o las tareas del día que no completé. Relaciones lastimadas, conflictos sin resolver, palabras desacertadas que pronuncié. O quizás estoy lidiando con nuevos dolores y achaques demasiado severos para ignorar.

A mi edad, lleva más tiempo librarse de todo esto. Entonces, me desvelo. ¿No es interesante cómo estas cosas parecen enormes bajo las sombras endebles de la noche? Es más, un buen amigo me dijo que a menudo se ha desvelado intentando solucionar —manipular— las cosas difíciles que le sucedían en el trabajo. Vaya si lo entiendo. Tal vez tú también, ¿no?

Hace no mucho tiempo, estaba teniendo una de esas noches de insomnio. En la oscuridad, eché un vistazo a mi lado y no parecía que mi esposa estuviera teniendo los mismos problemas. Entonces, la letra de un himno escrito por queridos amigos me inundó…

> Mi valor no está en lo que tengo
> Ni en la fuerza de carne y hueso
> Sino en las heridas carísimas de amor
> En la cruz.[4]

A veces, en la noche, recuerdo la historia de Jesús y Sus discípulos en una barca sacudida por la tormenta en el Mar de Galilea. A diferencia de mi situación esa noche, Jesús dormía. Imagina. En medio de una tormenta. Yo quiero un poco de eso. La barca empezó a llenarse de agua... nunca una buena señal en el vórtice de una borrasca. Y aunque los discípulos eran profesionales en esto y seguramente remaron con todas sus fuerzas para llegar a la costa a salvo, temían por sus vidas. Al despertar al Señor, confesaron su temor: «¡Maestro, Maestro, que perecemos!» (Luc. 8:24). Sombras de mi desasosiego y angustia nocturnos.

Mi parte preferida de esta historia es que, en vez de confrontar a estos muchachos sobre su temor erróneo, Jesús reprendió la tormenta. Es casi como si estuviera reprochándole algo a la tempestad. «¿Cómo puedes hacerles esto a estos hombres que amo? Ahora basta». La tormenta cesó y reinó la calma. Jesús cambió las circunstancias *primero,* y después les preguntó por qué tenían miedo.

«¿Dónde está vuestra fe?», les preguntó. No hay registro de lo que respondieron a esa pregunta sencilla. Tal vez porque todos los que estaban en la barca, incluido Jesús, sabían la respuesta.

«¿Nuestra fe?». Empieza el monólogo interior.

«¿Nuestra *fe*?». Ahí viene la vocecita que reprocha, el golpe bajo, la acusación.

«Está en la basura, pero...». Espera, démosle un giro a esto. «Pero no debería ser así. Estamos con Aquel que creó este mar, el que creó esta tormenta. Él nos cuidará».

¿No está mejor? ¿Hablarte a ti mismo? ¿En lugar de tan solo escucharte?

A mediados de la década de los setentas, de repente se me dio por agregar rosas a mi jardín. Mi hermano era experto en comprar las más hermosas y cuidarlas, así que me ayudó a empezar. Una tarde, estaba en el patio, podando, limpiando y desmalezando. Intentando cuidar estas criaturas temperamentales. De reojo, divisé a Missy, nuestra hija de cuatro años, corriendo desde el frente de la casa hacia la puerta de atrás. La entreabrió y preguntó: «Mamá, ¿estás ahí?».

Pude escuchar la voz de Bobbie desde adentro: «Sí, Missy, estoy aquí».

Missy cerró de un portazo y volvió al frente de la casa.

Esto pasó varias veces. Tanto fue así que me entró curiosidad. Caminé por el costado de la casa y espié lo que estaba sucediendo. Vi que Missy estaba jugando a la rayuela en la acera con unas vecinitas. Eran más grandes que ella, y a Missy le costaba seguirles el paso; arrojaba la piedrita en el cuadrado equivocado o saltaba con el pie erróneo. Las niñas se burlaban de ella.

Como percibía que era el foco del sarcasmo de las niñas, y tenía sus dudas de que pudiera ser tan tonta como la acusaban de serlo, Missy corría hasta la puerta de atrás, se aseguraba de que su mamá estuviera ahí y después regresaba donde estaban las niñas burlonas para jugar un poco más. Saber que su madre estaba cerca era suficiente.

Si tan solo yo tuviera esa misma confianza. La seguridad que los discípulos de Jesús deberían haber tenido. La presencia del Maestro, incluso en el peligro de un vendaval amenazador, era suficiente.

La presencia del Maestro, incluso en el peligro de un vendaval amenazador, era suficiente.

El estándar de oro del monólogo interior

En abril de 1978, mi hermano Dan se casó con su novia de la escuela, Mary Cargo. Y como toda boda es la unión de dos familias, tuve la oportunidad de conocer por primera vez al papá de Mary, Don. Y hasta su muerte a los 83 años en 2010, toda la familia tuvo la oportunidad de disfrutar de este hombre maravilloso.

De muchas maneras, Don era un oficial profesional. Después de una temporada con la Armada en la Guerra de Corea, Don completó sus estudios en ingeniería electrónica. Su carrera fue llevando a Don y a su familia de aquí para allá, desde Michigan a Minnesota, a California y de regreso a Michigan.

Cuando le pregunté a su hija sobre su papá, ella dio en el blanco respecto a lo que todos veíamos en Don Cargo. «Mi papá siempre fue un optimista. Siempre veía el vaso medio lleno».

Está claro que ya no es posible hablar con Don Cargo, pero al desentrañar el carácter del hombre, reflexioné en lo que seguramente habrá sido su monólogo interior en su recta final. Había terminado una carrera exitosa, criado a una familia de cuatro hijos y muchos nietos. Todavía seguía profundamente enamorado de su dulce Eunice.

«Estás de regreso en tu amada Michigan, Don. Tiempo de tirar la toalla, ¿no? Ya cumpliste con tu tarea. Te ganaste la jubilación. Sí que la ganaste. Descansa un poco las piernas».

Pero, en lugar de escuchar esto, me imagino a Don respondiéndose. Las voces tal vez decían una cosa. Él exigía otra. De sí mismo. Aquí tienes una lista parcial de lo que estoy diciendo... todo dentro de su recta final.

- Aprendió a cocinar.
- Siempre quiso poder tocar el piano, tomó clases y aprendió a hacerlo.
- Aprendió a esquiar, primero solo para adquirir la habilidad, y luego con sus hijos y sus nietos por puro disfrute. «Tenemos preciosos recuerdos de viajes de esquí a Canadá y Colorado, cuando la mayoría de los hombres de su edad estaban jugando al tejo», sonreía Mary.
- Se unió a Hábitat para la Humanidad y ayudó a construir casas para los necesitados.
- Siguiendo con la temática de la construcción, edificó un patio de recreo para niños en el centro de la ciudad.
- Se volvió aún más activo que antes en su iglesia.
- Don estudió para poder ser mediador en el tribunal.
- Había usado gafas toda su vida y se enteró de la necesidad de anteojos en los países en vías de desarrolló, así que se unió a un ministerio para distribuir anteojos usados en todo el mundo.
- Como creía que la vida era una aventura, llevó a sus nietos[5] a un viaje de pesca muy serio,

donde se comía como hombres y se luchaba contra los mosquitos.

- Hacía todo esto con una sonrisa, una actitud contagiosa y un abrazo dispuesto que llenaba de alegría todo lo que tocaba… y podría decir mucho más.

Así que, aunque algunos hombres que entran a su recta final son susceptibles a las voces que instan a holgazanear y bajar la persiana, Don Cargo dijo: «De ninguna manera. Me queda mucho por recorrer».

¿No te encanta esta historia? ¿Te inspira como a mí?

Una buena conversación interior empieza aquí

Le pedí a un pastor amigo, un hombre aproximadamente de mi edad, que me contara sobre esta conversación consigo mismo. Es un hombre brillante y que ha leído muchísimo, al cual se le conoce por su predicación profunda, su multitud de amigos y su visión positiva sobre la vida.

Cuando le pregunté respecto a envejecer, su primera respuesta fue: «Nuestros cuerpos están enojados con nosotros». Nos reímos.

Entonces, le pregunté cuándo se había empezado a sentir viejo. Su respuesta nos hizo reír otra vez. Dijo que supo que estaba envejeciendo cuando las personas más jóvenes los veían a él y su esposa en la iglesia y les decían lo «tiernos» que eran. «No dirían eso a menos que pensaran que estamos viejos».

Después, le pregunté a mi amigo sobre esas voces en la noche. ¿Eran amigables o eran duras con él? Como estábamos hablando por videollamada, podía ver su rostro. *Mmm*, se quedó pensando. *¿Voces críticas por la noche? En realidad, no tanto. Vaya*, casi dije en voz alta. *Aparentemente, no todos sufren de esto*. O, al menos, *hay* una manera de manejarlo bien.

Ahora, no quiero perderte al finalizar este capítulo trayendo palabras que parezcan jerga religiosa, pero cuando terminó la llamada con mi amigo después de hablar de la conversación con uno mismo, entendí por qué a veces yo lucho con esto y él no. Al igual que muchas cosas en la vida, una buena manera de pensar empieza con una buena teología.

Espera, no me iré por la tangente cristiana. Esto es importante. Mi amigo creció en un hogar donde la gracia estaba en todas partes.

Es más, mi esposa Nancy conocía a sus padres. Y, según su testimonio, eran gracia vestidos de humanos. Desde temprana edad, mi amigo estuvo inmerso en gracia, en lugar de en una condenación interminable.

Mi madre se llamaba Grace [Gracia], y su nombre describía muy bien su carácter. Pero a mi papá —aunque se esforzaba por superar una infancia trágicamente carente de gracia— fue algo que le costó toda su vida.

Sus padres, menonitas desde que se convirtieron al cristianismo con poco más de 20 años, estaban en el negocio de la vergüenza y la culpa. Como hijo único, mi papá nunca pudo compartir esta visión parental con otros hermanos. Él era el receptor de todo. Era el blanco.

Y para aclarar, cuando digo «el receptor de todo», me refiero a que sus padres tenían una actitud crítica sobre casi todos y todo, una editorialización brutal de cada actividad de mi papá y de los demás que, en su opinión, no cumpliera con sus normas.

Cuando la madre de mi papá tenía 104 años —y no, no hay ningún error de imprenta ahí—, Bobbie y yo fuimos a visitarla a un hogar de ancianos en Pennsylvania. Sorprendentemente, incluso a esa edad, tenía muchos momentos de lucidez y alerta.

Como sabíamos cuánto le gustaban los viejos himnos de la fe, pasamos gran parte de la tarde cantando algunos de sus favoritos junto a ella. Bobbie se sentó al borde de su cama y yo me paré a su lado. Me pareció que habíamos pasado un tiempo hermoso... hasta que estábamos por irnos.

La abuela Celia no veía bien y nos percibía como imágenes borrosas. Sin embargo, trataba de no prestar atención a esto y, como decía ella, «sobreponerse». Cuando estábamos por irnos, le pregunté si podía orar. Y justo antes de que pudiera decir: «Querido Padre que estás en los cielos», la abuela extendió la mano al rostro de Bobbie para ver si lo que sus ojos defectuosos sospechaban podía ser verdad. «No estarás usando aretes como una pagana, ¿no?», le dijo.

En mi humilde opinión, creo que tengo un sentido del humor bastante desarrollado. Me encanta reírme. Hacer feliz a otros me resulta sumamente satisfactorio. Sin embargo, no encontré nada de alegría en lo que acababa de escuchar. Es más, todavía me entristece más de lo que puedo expresar. ¿Por qué? Porque una propensión a pensar de esta manera está engrapada a mi certificado de nacimiento. Por lo tanto, soy sensible a detectarla en los demás y a retroceder cuando la veo, ya que toda la vida tuve que esforzarme por «descartarla».

Tan solo digamos que me enojé bastante. Bobbie y yo habíamos volado desde Orlando hasta Pennsylvania, principalmente
para visitar a la abuela. Habíamos separado tiempo y pagado peajes
para ir a animarla. Pero, en vez de ser agradecida, lo más importante para ella eran… ¿las joyas de Bobbie?

Ahora, probablemente pienses: *No seas tan duro con la anciana,
Robert. Tenía 104 años.* Y si no hubiera crecido siendo testigo de
esta clase de conducta sin gracia, lo dejaría pasar. Pero este espíritu crítico estaba ligado a sus cromosomas. Y por eso, se negaba
a celebrar muchas cosas buenas, como lo que habíamos ido a
llevarle en persona aquel día. Encontraba algo malo en todo lo
que hacían mi papá y sus hijos. En mí.

Y esta misma clase de actitud, como ya dije, fue la que ator-
mentó a mi padre toda su vida. Es más, cuando tenía poco más de
80 años, él y yo tuvimos una de esas conversaciones excepcionales
y difíciles que a veces tenemos con nuestros padres ancianos. Pura
transparencia y franqueza. Y posible peligro.

Fue una conversación que jamás olvidaré.

Mi papá acababa de decir algo crítico sobre mi hija, que en
ese momento estaba casada y tenía algo más de 20 años, estaba
enamorada del Señor y era muy activa en la iglesia con su esposo.
Lo que papá decía tenía que ver con una decisión de estilo de
vida que ellos habían tomado como matrimonio respecto al vino.
Su actitud tenía un dejo familiar de humillación que, en aquel
momento, resurgió con fuerza desde mis recuerdos más tempranos.

Hice todo lo que pude para reunir valor y decirle a mi papá
lo que pensaba.

«Papá, ya no estás criando a tus hijos», le dije. «Terminaste.
Ya están todos grandes y tienen hijos propios. Damos muchísimas

gracias por tu amor por nosotros y por ellos, pero ya no puedes hablar de esta manera en cuanto a sus vidas. Son todos adultos. »Así que tienes dos opciones», seguí diciendo. «Puedes evaluarlos o puedes celebrarlos».[6] Entonces, me vino a la mente una pregunta atrevida. Me animé y se la hice.

«Papá —comencé—. ¿Alguna vez tu mamá te dijo que se sentía orgullosa de ti? ¿Alguna vez sentiste su afirmación? ¿Alguna vez te dijo que te amaba?».

Mi padre se quedó sentado en silencio. No respondió ninguna de mis preguntas. No hacía falta. Yo ya sabía las respuestas.

Y aquí es donde está arraigado gran parte del monólogo interior derogatorio. Como confesé al principio de este capítulo, mi reflejo instintivo es ser crítico conmigo mismo. Susurrarme palabras de desdén y enojo cuando fracaso. Encontrar una mayor gracia hacia los *demás* que para mí mismo.

¿Acaso esto te resulta conocido? ¿Sueles caer en la autocrítica y te atormentas con vergüenza? Si la respuesta es *sí*, ¿se está volviendo más pronunciado esto en tus años de recta final? Entonces, ¿puedo animarte respetuosamente a que te prepares?

¿Sueles caer en la autocrítica y te atormentas con vergüenza? Si la respuesta es *sí*, ¿se está volviendo más pronunciado esto en tus años de recta final?

Hace muchos años, leí un libro del difunto Bruce Larson. *Ya no somos extraños* fue una de esas lecturas que me cambió los paradigmas, aunque, como ya he confesado, todavía me enfrento a la situación principal que aborda este libro. El Dr. Larson llamaba al síndrome que estoy describiendo aquí *orgullo*. Puro. Simple. Mi disposición de otorgarte la gracia que no estoy dispuesto a otorgarme a mí mismo en realidad es pura arrogancia. Un lobo orgulloso disfrazado de cordero. Y en caso de que tengas curiosidad de saber lo que dice la Biblia sobre el orgullo, no es nada bonito.

Delante de la destrucción va el orgullo, y delante de la caída, la altivez de espíritu. (Prov. 16:18)

Ojos altivos y corazón arrogante, lámpara de los impíos; eso es pecado. (Prov. 21:4)

Y decía [Jesús]: Lo que sale del hombre, eso es lo que contamina al hombre. Porque de adentro, del corazón de los hombres, salen los malos pensamientos, fornicaciones, robos, homicidios, adulterios, avaricias, maldades, engaños, sensualidad, envidia, calumnia, orgullo e insensatez. Todas estas maldades de adentro salen, y contaminan al hombre. (Mar. 7:20-23)

Restémosle importancia a esto todo lo que queramos, pero el orgullo es pecado. Y cuando soy orgulloso, ofendo a Dios.

Una conversación por FaceTime con un amigo querido me dio una nueva perspectiva sobre esto del monólogo interior. Aquí tienes a un hombre brillante, que lee muchísimo y se expresa con facilidad, con habilidades comunicativas impresionantes y la capacidad de golpear una pelota de golf y enviarla a casi 300 metros de distancia. Me dijo que su teléfono celular solía vibrar día y noche con preguntas y amigos que pedían consejo. En un momento de contemplación, me confesó: «A nadie le importa más lo que pienso».

Tal vez no puedo evitar escuchar estas voces: voces que me condenan, voces que me dicen que soy viejo, tonto y que estoy arruinado. Pero la razón por la que les *creo,* la razón por la que no las descarto como una tontería, quizás sea que soy demasiado *orgulloso* como para admitir que la misericordia de Dios ya cubrió todas estas cosas. Estoy censurando la gracia del Dios que me creó, me ama, murió por mí y resucitó para darme la clase de futuro que jamás habría podido imaginar, no importa cuántos años me queden por delante.

Palabras prohibidas

En esta etapa, no hay nada que se aplique a nosotros y sea «talla único». Tú tienes tu propia historia; yo tengo la mía. Pero creo que lo que acabamos de ver es fundamental para correr nuestra recta final. Estoy convencido de que, una vez que nos aferremos a estas ideas, estas nos traerán gran parte de lo que anhelamos para estos meses y años.

Paz.

Steve, mi compañero de habitación en la universidad, estudiaba educación física. Y de vez en cuando, cuando hablábamos de nuestros estudios, me contaba lo que estaba aprendiendo.

La materia que más me gustaba de lo que él estudiaba era kinesiología. Recuerdo que me decía que nuestros músculos se relacionan unos con otros. Esta «contrafuerza» nos da lo que necesitamos.

Por ejemplo, nuestros brazos tienen dos paquetes de músculos: uno para flexionarlos y el otro para extenderlos. Si estos dos grupos tienen la misma fuerza, podemos relajarnos. Pero si uno es más fuerte que el otro, sientes dolor y no puedes enderezar o flexionar bien el brazo.

Llevemos la analogía un paso más allá. Cuando nos estamos relajando en un sillón cómodo o estamos acostados en la cama despiertos por la noche, tenemos dos «paquetes» que son capaces de enfrentarse. Se llaman «autocondenación» y «gracia». Si el primer grupo es más fuerte que el segundo, doy vueltas y vueltas, y me enojo cada vez más conmigo mismo por ser un fracaso. Si el segundo grupo es más fuerte, me duermo en los laureles y me vuelvo insensible a mi propia necesidad de arrepentimiento, restauración y sanidad. Pero cuando estos grupos de músculos tienen la misma fuerza, descanso.

Permíteme decirlo otra vez: *descanso*.

En cierto sentido, la autocondenación y la gracia de Dios se nivelan. Estoy en paz. Soy consciente de lo que merezco, pero soy igualmente consciente de lo que recibí en cambio, gracias a Jesús: pura gracia. ¿Qué te parece?

Como dijo mi amigo (que es un aficionado al cine) mientras nuestra conversación iba llegando a su fin, citando al gran filósofo Rocky Balboa: «Lo único que quiero es llegar hasta el final».

La autocondenación y la gracia de Dios se nivelan. Estoy en paz. Soy consciente de lo que merezco, pero soy igualmente consciente de lo que recibí en cambio, gracias a Jesús: pura gracia.

Yo quiero un poco de eso también.

¿Y tú?

La vieja puerta del granero

La mayoría de las mujeres no podrían apreciar la siguiente historia real. Pero tú y yo, bueno, *nosotros* lo entendemos.

Hace muchos años, invité a un conocido líder cristiano a hablar en una conferencia que yo organizaba. Nos reunimos en el vestíbulo del hotel, afuera del salón donde estaba por hablar. Había llegado lo suficientemente temprano como para saludar a muchos asistentes a la conferencia que lo reconocieron desde sus mesas mientras disfrutaban de su café, té y pan. Su rostro revelaba que estaba feliz de estar ahí, verdaderamente en su ambiente.

A medida que la gente empezó a ir al lugar de reunión, quedamos nosotros dos, en una especie de burbuja allí en medio de todo el ruido. Hacía muchos años que éramos amigos. Me encantaba su forma de ser. Tenía una sonrisa contagiosa. Tenía diez años más que yo, y su mirada suave, sus mechones de cabello blanco y su barba tupida lo hacían sumamente accesible, incluso para un extraño… cuánto más para un amigo. Le agradecí por tomarse el tiempo de venir y por su disposición de compartir de sí mismo.

Entonces, noté que tenía el cierre del pantalón completamente bajo. *¿Tenía que decirle?* Porque, después de todo, estaba a punto de subir a la plataforma frente a cientos de personas. Sentí que no tenía opción. No podía permitir que pasara vergüenza. Así que, con la voz más seria y diplomática que pude reunir, le dije: «Tienes la bragueta abierta».

En ese momento, mi amigo se dio cuenta de que hacía tiempo que estaba así. Sin duda, otros se habían dado cuenta, y tal vez habían llegado a la conclusión de que decirle algo así a un anciano sería una falta de respeto. Pero su respuesta a este momento posiblemente humillante es algo que nunca olvidaré.

Miró hacia abajo. Confirmó lo que había dicho. Volvió a mirarme con una enorme sonrisa y dijo: «Ups». Eso fue todo. Solo «ups» y cerró su bragueta. Nada de desvivirse por poner excusas. Nada de citar la realidad mortificante de que había estado saludando a todo el mundo, como solíamos decir, con «la puerta del granero abierta».

Si te dijera quién era este hombre, y conocieras sus libros y su programa de radio, dirías: «Bueno, por supuesto. Este hombre es famoso por vivir y predicar sobre la humildad y la gracia. No me sorprende en absoluto que ponga en práctica estas cosas en su vida».

Quiero ser así durante estos años de recta final. Cuando me tropiece con los muebles, con mis propios pies o con las palabras, quiero ser el primero en brindarme una porción de misericordia. De gracia. Quiero recordarle habitualmente a mi corazón que estos son años para abrazar la historia que Dios está escribiendo en mi vida; en especial, estos últimos capítulos.

Porque si lo hago, esto me llevará a una conversación conmigo que será breve… y dulce. Esto puede cambiar todo. De verdad.

También quiero recordar los regalos de Dios para conmigo a lo largo del camino. En especial, el regalo de mi esposa. Hablaremos de esto en el próximo capítulo.

Oración para la recta final

Padre del cielo, este capítulo me recordó que cada conversación que tengo —con otros y conmigo mismo— es una oración. Siempre estás escuchando. Y aun si estoy preocupado, quejándome o dolorido, me estás escuchando con amor. Es más, esto me recuerda la oración de Jesús en el jardín la noche que lo traicionaron Sus amigos. Quiero que también sea mi oración. Sabes lo que quisiera pedirte en estos momentos de necesidad, pero mi oración tiene que ser la muy conocida: «No se haga mi voluntad, sino la tuya». En este momento, me someto voluntariamente a tu cuidado. Y a tu amor. En el nombre de Aquel que nos enseñó —y nos mostró— cómo orar: Jesucristo nuestro Señor. Amén.

CAPÍTULO 5

Otro año muy importante

*Sea bendita tu fuente, y regocíjate con
la mujer de tu juventud.*
—Proverbios 5:18

UNA LLAMADA TELEFÓNICA EXTENDIDA y sin apuros con un viejo amigo siempre es un lujo. Es más, con el correr de los años, he sido demasiado culpable de apurar llamados y conversaciones si siento que ya excedieron su tiempo. Este no fue el caso.

Al otro lado de la línea, había un hombre cuya carrera había seguido de cerca. Ha tenido un éxito extraordinario. Cuando visité su empresa hace años, su secretaria tenía la oficina de la esquina como acceso a la de él, la cual incluía un baño completo con ducha. Además de su currículum de renombre, en cuanto a su propia trayectoria profesional, también ha servido en muchas juntas directivas. Personas inteligentes y exitosas han buscado su sabiduría de manera oficial (y también extraoficial).

Así que, volvamos a esta llamada. Mi viejo amigo me estaba poniendo al día sobre las idas y venidas de sus hijos y sus nietos. Y mientras hablábamos, pregunté sobre asignaciones de liderazgo que había tenido a través de los años, incluida una reciente en donde había servido como el director ejecutivo interino de una empresa. Habíamos hablado muchas veces sobre esta tarea y cuánto él disfrutaba de trabajar con esta organización. Su voz bajó un tono. No interrumpí la melancolía.

«Ya no lo haré más», me dijo. «Cuando la presidente de la junta se enteró por teléfono de cuántos años tenía, se sobresaltó. Pude escuchar su expresión por teléfono. No tenía idea de que estaba a mitad de mi séptima década. Aunque no me despidió en ese momento, supe que mis días estaban contados. Por supuesto, fue muy amable respecto a los años en que había prestado servicio, pero para ella, estaba claro que alguien de mi edad ya tiene que renunciar».

Conozco muy bien a este hombre y diría que está lleno de gracia, pero el timbre de su voz —a pesar de que estábamos hablando por teléfono— me dejó ver que esto le había dolido.

Entonces, me dijo algo que me gustaría decirte a ti. Espero que tenga el mismo impacto sobre ti que tuvo para mí. Está entre las cosas más importantes que puedo expresar en este libro. Es un mensaje que creo que tenemos que abrazar con todo el corazón. Te lo compartiré en un momento.

Ahora, recuerda que este amigo experimentó un gran éxito en su vida profesional. Su oficina ejecutiva tenía una oficina ejecutiva. Cualquiera supondría que la pregunta más productiva que podría hacerle a un hombre así sería pedirle consejo financiero o hablar del último libro que leyó, sabiendo que es un lector voraz que recuerda todo lo que lee. En cambio, pregunté: «Entonces, ¿qué le dirías a una versión más joven de ti mismo? ¿Qué consejo le darías?».

Su extraña respuesta fue: «No descuides a tu esposa. No descuides a tu esposa», repitió. «Tu bondad hacia ella y tus expresiones de amor y afirmación son lo más importante que puedes hacer en estos días, no solo por ella, sino también por ti». Hizo una pausa para énfasis. «Todos los días».

No esperaba esto. Pero agradecí esta perspectiva sabia. Y es verdad.

El rol de tu esposa en tu recta final

Si eres casado, tu esposa jugará un papel crítico en esta recta final, no solo en tu éxito, sino también en tu felicidad. Esto significa que ella necesita saber lo que te está sucediendo.

Aunque nuestra tendencia como hombres es retraernos en cuanto a revelar todo lo que pensamos y sentimos, te animo a no ceder a la tentación de guardarte todo para tus adentros.

Si eres casado, tu esposa jugará un papel crítico en esta recta final, no solo en tu éxito, sino también en tu felicidad.

Ya puedo escuchar tu resistencia. No quieres que te conozcan como el quejoso. No quieres cargar a tu esposa. Supongo que hay alguna posibilidad de que seas la clase de hombre que no se guarda nada y que habla con su esposa sobre cada dolor y achaque, y pensamiento e inquietud, y preocupación y aprensión que le viene a la mente. Pero si tuviera que apostar, diría que es más probable que seas como el primer hombre y no el segundo. Yo también lo soy.

Si tengo razón, te animaré a adoptar el sistema del camarada y a llevar a tu esposa contigo en este viaje. En esta recta. Tomaré prestada una frase clásica de una vieja película, pero le daré un giro: «Ayúdala, ayúdate».

Cuando me diagnosticaron melanoma etapa II en febrero de 2020, la «enfermera Nancy» se metió de lleno en el asunto. Me contó historias sobre su función como la mayor de siete hijos, como cuando sus hermanos contrajeron sarampión. Incluso usaba un prendedor casero que decía: «Enfermera Nancy a su servicio». Al igual que muchas esposas cuando sus esposos se enferman —probablemente la tuya también—, ella estaba ahí para recordarme cuándo era hora de tomar una píldora. En mi caso, me aplicaba suavemente un ungüento para sanar mi oreja en reconstrucción. Incluso el ritual antes de irnos a la cama, donde ella usaba un hisopo para aplicar el medicamento, era un momento dulce y tierno.

Yo tiendo a hacer las cosas por mi cuenta. Pero si me enfoco en eso, me pierdo una gran bendición.

Así que, permíteme preguntarte… suponiendo que estés casado: «¿Cómo son las cosas en tu matrimonio?». Como ya avanzamos varios capítulos en el libro, espero poder tomarme el atrevimiento de hacerte esta pregunta. Por favor, créeme que te pregunto como tu amigo. No soy tu pastor, tu terapeuta ni un amigo de rendición de cuentas. No hay respuestas incorrectas. La única respuesta correcta es la verdad.

¿Cómo está tu matrimonio?

Según mi amigo, no hay pregunta —ni respuesta— más importante. Ahora mismo.

La segunda vez

Como ya sabes, he «caminado al altar» dos veces. La primera vez era un novato de 22 años. Un chico. La segunda vez tenía 67, un novio muy distinto que aquel de 47 años atrás.

Así que supongo que esto presenta la clase de pregunta que puedes hacerme: «¿En qué te diferenciabas la segunda vez? ¿Qué habías aprendido de tu primer matrimonio que intentaste arreglar, ahora que tuviste otra oportunidad?».

En primer lugar, permíteme decirte que Bobbie y Nancy, en muchos aspectos, no podrían haber sido más distintas. Pero se parecían en los siguientes aspectos: en primer lugar, tenían una mente brillante e inquisitiva. En la escuela, ambas estaban al frente de sus clases en lo académico. Durante su juventud, así como en la adultez, las dos amaban al Señor y pasaban mucho tiempo en Su Palabra y en oración, y no perdían el tiempo a la hora de hablar a otros sobre Jesús. Además, las dos admiraban a sus papás, los tenían en alta estima y ellos también las amaban, un regalo invalorable que le dieron a su esposo.

Pero, en cuanto a lo social, Bobbie era extrovertida. Sabía cómo ser «el alma de la fiesta». Nancy, no tanto. Bobbie era sumamente expresiva, incluso combativa. Nancy es por naturaleza más pensativa y reflexiva. Nunca hacía falta preguntarse qué estaba pensando Bobbie. Nancy, por otro lado, no siempre muestra sus cartas. Sin embargo, por más alocado y maravilloso que parezca, incluso para mí que escribo estas palabras, las dos me amaron y quisieron un matrimonio que funcionara.

Así que, habiendo estado casado con dos mujeres bien distintas, y suponiendo que tu esposa sea incomparable con ninguna otra mujer, ¿qué aprendí del consejo de mi amigo de no descuidar a mi esposa?

En lugar de repasar la lista de cosas esenciales para el matrimonio que escribí hace casi 20 años en el libro *The Most Important Year in a Man's Life: What Every Groom Needs to Know* [El año más importante en la vida de un hombre: Lo que todo novio tiene que saber], permíteme subir más alto para mirar desde ahí arriba.[1] La visión de un hombre mayor con más de 50 años de kilómetros de matrimonio en sus ruedas.

Para ti, podría llamarlo: *Otro año realmente importante en la vida de un hombre: Lo que todo novio veterano ya sabe.* Considéralo un año que incluye algo de reflexión profunda sobre si estás llevando o no las siguientes bendiciones a tu matrimonio y compartiéndolas con tu esposa.

Humildad

En mi primer matrimonio, como ya dije, tenía 22 años. Bobbie tenía 20. Francamente, no me resultó difícil ganarme la aprobación y el afecto de su familia. Sus padres y dos hermanas parecieron acostumbrarse rápidamente a la idea de que Bobbie se casara conmigo.

Sin embargo, cuando le pedí a su bondadoso padre la mano de su hija en matrimonio, en realidad no tenía idea de lo que estaba pidiendo o de lo difícil que le resultó a él decir que sí. En realidad, la razón no tenía nada que ver conmigo. Es decir, no tenía antecedentes criminales ni nada. El problema es que me mudaría con su hija al otro lado del país. «Me entristece que tenga que mudarse», fue lo que me dijo este hombre tan amable. Mi respuesta fue simplista, como si él me hubiera dicho que ese día llovería. Cómo quisiera haber sido más humilde. Haber mostrado más empatía frente a lo que me estaba diciendo, en lugar de ser el sinvergüenza que seguro fui.[2] Cómo quisiera volver atrás y ser más atento.

Años más tarde, después de la muerte de Bobbie, cuando me enamoré de Nancy, mi presentación con su madre y sus hermanos (su padre ya hacía casi 40 años que estaba en el cielo) salió muy bien. Hacía muchos años que conocía a su hermano, y su familia pareció darme la bienvenida, aunque en realidad nunca habían pensado que Nancy se casaría.

Pero sus amigos de toda la vida y sus colegas del ministerio no estaban todos de acuerdo de manera unánime. Es más, pocos meses después de empezar a salir con Nancy, recibí un mensaje de texto de uno de sus amigos, que decía: «No sabía si matarte o enviarte este mensaje», y luego pasó a expresar sus sentimientos respecto a la situación con la misma falta de filtro.

De repente, los amigos de Nancy se transformaron en terapeutas de pareja improvisados.[3] Personas más jóvenes que mis propias hijas se tomaron el derecho de ser juez y parte, cuestionando la decisión de Nancy de salir conmigo. Estas personas me abordaron como si yo fuera un novato, como si estuviera postulándome para un trabajo sin experiencia alguna.

Hablando sin tapujos, creía que tenía todo el derecho de responder y decir algo como: «¿Pero quién te crees que eres?».

Sin embargo, no lo hice. Respiré hondo y acepté sus preguntas y dudas. Como entendía su temor de «perder a Nancy a manos de un extraño», hice lo mejor que pude para responder con humildad. Como imaginarás, esto no me habría resultado fácil a los veintipico de años. Es más, estoy seguro que no. Probablemente, no habría sido maleducado ni áspero, pero también estoy seguro de que no habría mostrado empatía ni prestado un oído atento.

La única razón por la cual me adjudico algún mérito aquí es que, a mi edad, sabía que había un solo camino que ganaría el corazón de esta mujer de la cual me estaba enamorando. Olvida la imagen del pretendiente de capa y espada sobre un caballo blanco. Esta búsqueda en particular de una bella dama requería un caballero, así que le pedí ayuda al Señor. Y Él me ayudó.

Es más, durante esos meses —que, resultó ser, fueron los meses anteriores a nuestra boda—, memoricé la lista legendaria sobre el amor del apóstol Pablo en 1 Corintios 13 para asegurarme de que estuviera haciendo lo correcto. Según un estándar más alto. Cuestiones como «El amor es paciente, es bondadoso» (v. 4).

Pero aquí tienes la razón por la cual empiezo este tema enfatizando la humildad. Si trato de practicar estas maneras de amar a mi esposa durante estos últimos años —las cualidades bíblicas que defiendo en este capítulo— y no lo hago desde una postura de humildad, estoy perdiendo el tiempo. Tan solo estoy haciendo ruido.

Jeff Boss, escritor y exmiembro del cuerpo de élite de la Armada de Estados Unidos, lo expresa de la siguiente manera: «Ser humilde no es pensar menos de uno mismo, sino pensar menos en uno mismo».[4] Me gusta. Es más, añadiría: «… y pensar más en los otros; en especial, en tu esposa».

A nuestra edad, tal vez nos veamos tentados a pensar que tenemos incluso más razones para concentrarnos en nosotros: nuestras carreras menguantes, la salud que empeora, la pérdida de amigos. Pero estos años posteriores de nuestro matrimonio nos proveen la oportunidad de dar un paso atrás y hacernos estas preguntas: «¿Cómo estoy tratando a mi esposa? ¿La estoy descuidando? ¿Cómo puedo amarla mejor?».

Estas son expresiones de humildad.

Paciencia

De todas las maneras en las que Pablo podría haber empezado a describir el amor en 1 Corintios 13, es interesante que haya empezado por esta. Con la paciencia. Habría sido más fácil si le hubiera dado al amor una tarea —dame algo que pueda *hacer* para mostrarle a mi esposa que la amo—, en lugar de proponer un desafío que en realidad es una actitud. ¿No podría acaso sugerir algo que se pueda comprar?

No, insistió en empezar esta lista con una postura.

Sé paciente.

Hace años, un amigo cercano que está en su segunda década estaba en el proceso de cortejar a una muchacha y se encontró atascado en el tránsito. Mientras iba pegado al paragolpes del auto que tenía en frente y quejándose con impaciencia sobre el embotellamiento, su novia que iba sentada junto a él, dijo: «Nunca podría casarme con un hombre colérico». Mi amigo te dirá que ese momento marcó un eje crítico en su relación.

Aunque la expresión: «Señor, dame paciencia, y dámela ahora mismo» es una frase conocida[5] y puede hacernos sonreír, no es graciosa. No en cuanto a nuestras esposas. Esta mujer, a la cual no puedo descuidar, necesita que le muestre que la amo al ser paciente con ella. Y también paciente con los que me rodean, ya que está prestando atención a eso.

Esta mujer, a la cual no puedo descuidar, necesita que le muestre que la amo al ser paciente con ella.

Para mí, esta es una montaña empinada para escalar. ¿Qué me dices de ti? Aunque mencioné que Nancy es introvertida, esto no significa que no ame a sus amigos. Es más, introvertida o no, cuando se encuentra con alguien que conoce o que la reconoce a ella, siempre se toma el tiempo para hacer buenas preguntas y escuchar las respuestas. A menudo, ella también hace alguna pregunta. O dos.

Mientras esto sucede, a menudo yo estoy bailando en el lugar. *Déjenme salir,* grita mi lenguaje corporal. Sin embargo, el amor se opone a esto. Amar bien a mi esposa significa estar dispuesto a esperar. Podría pasar por una florería y comprarle algo bonito, o por una tienda de tarjetas y comprarle alguna de esas tarjetas especiales. O podría ser paciente. Las flores y la tarjeta serían opciones más fáciles, pero probablemente no mejores.

A medida que tú y tu esposa envejezcan, ella necesitará más de tu paciencia.

Gentileza

Pablo usa la palabra *amable* en lugar de *gentil*, pero sus significados son bastante parecidos. Para tu esposa y la mía, la definición de «amor» es: «Sed más bien amables unos con otros, misericordiosos, perdonándoos unos a otros, así como también Dios os perdonó en Cristo» (Ef. 4:32). Es interesante que Pablo agrupa la amabilidad, la misericordia y el perdón, y luego nos arroja una bola rápida diciéndonos que lo hagamos tal como Dios lo hace. Ser gentil como *Dios* es gentil. ¡Ay, ay, ay!

En mi caso, a veces muestro una falta de gentileza cuando interrumpo a Nancy mientras habla. Probablemente, sepas a qué me refiero. Tu esposa está hablando, pero tal vez no respeta el límite de velocidad. Demasiado lento para tu gusto. Así que interrumpes. Terminas su oración. Y cuando lo haces, ella deja de hablar.

O la corriges. Algo de lo que ella dice tiene un defecto inherente. Está hablando de cuando salieron a cenar con amigos «el jueves de la semana pasada». En realidad, fue el miércoles, y lo sabes. La corriges. Tal vez vayas directo al grano: «En realidad, fue el miércoles», o quizás te pongas tu mejor estola diplomática y uses alguna palabra de afecto: «Mi amor, creo que fue el miércoles».

Olvídalo. No es importante. Déjalo pasar.

Hace unos segundos, Nancy me envió un mensaje de texto que decía: «Buenos días». La mayoría de las veces, como ya dije, salgo de la cama en medio de la oscuridad porque me fui a dormir temprano. Nancy se quedó hasta tarde así que sigue durmiendo. En su mensaje de buenos días, escribió: «Y feliz día del Señor».

Como probablemente ya lo sabes, es otra manera de decir: «Feliz domingo». Dulce, pero… hoy es sábado.

El viejo Robert la habría corregido. Tal vez habría tratado de aligerar la situación, cubriéndola con algo de humor sarcástico. «Oye, amor, es sábado… a menos que te estés despertando del otro lado del planeta».

Mi confesión es que mi esposa anterior, Bobbie, y yo luchábamos con este tema. Lo que debería decir es que yo la corregía demasiado, y a ella no le gustaba ni un poquito. Recuerdo vívidamente una vez que estábamos yendo a casa desde una cena con amigos, donde al parecer la había corregido varias veces sobre cuestiones poco importantes. (Cuestiones con la importancia relativa que tiene si hoy es sábado o domingo). Digo que «aparentemente» lo había hecho, pero al menos ella estaba segura. Y en nuestro breve viaje en auto, hizo lo que debía. Me cantó las cuarenta. «¿Por qué siempre me corriges? Me imagino que tú nunca te equivocas, ¿no?».

Como un auténtico burro, intenté defenderme aquella noche. Y perdí. Como en la guerra. *Tendría* que haber perdido. En retrospectiva, me avergüenza mi reacción, tanto al corregirla durante la cena como al perder los estribos en el auto cuando ella intentó corregirme. (Y digo: «*intentó* corregirme» porque yo me negué a aceptar la responsabilidad).

Tal como expliqué respecto al mensaje de «Feliz día del Señor» de Nancy esta mañana, podría haberla corregido. Pero ese sería el viejo Robert. Este Robert le devolvió el mensaje con un sencillo: «Te amo esta mañana».

¿Acaso algo de esto te suena conocido? Cuando tú y yo optamos por la opción poco amable y nada gentil, nuestras esposas se sienten rebajadas. No queridas. Entonces, ¿por qué lo hacemos? ¿Vale realmente la victoria en vano de tener la razón en teoría? ¿A quién le importa si era miércoles en vez de jueves? Cuando te olvides de brindar la gracia que ella merece, pídele perdón. Y una vez que le pidas perdón por ser el «Señor comprobador de datos», respira hondo y actúa como el hombre bondadoso y paciente que sé que puedes ser.

Afirmación, ánimo, ternura y afecto

La próxima frase en el capítulo de Pablo sobre el amor cambia el enfoque. En lugar de decirnos cómo actuar, salta al otro lado y sugiere lo que *no* deberíamos hacer, lo que tendríamos que evitar.

El amor no tiene envidia; el amor no es jactancioso, no es arrogante; no se porta indecorosamente; no busca lo suyo, no se irrita, no toma en cuenta el mal recibido. (1 Cor. 13:4b-5)

Si quieres ver una expresión de desánimo y opresión en el rostro de tu esposa, oblígala a vivir con un hombre envidioso, jactancioso, arrogante y maleducado, un hombre que busca lo suyo, es irritable y constantemente se guarda secretos para usarlos en el momento conveniente.

En 2016, escribí un libro que desentraña este enfoque en cuanto a ser esposo: *Como el Buen Pastor: Lidera tu matrimonio con amor y gracia*.[6] En el libro, describo cómo adoptar el rol de un buen pastor con nuestro cónyuge. Por supuesto, el Salmo 23 es el resumen perfecto de lo que sería pastorear desde la perspectiva de Dios. Es más, esta ilustración artística del Buen Pastor sosteniendo una ovejita vale mil palabras. Desde la primera vez que la vi, me encantó la manera en que comunica gentileza, ternura y afecto.[7]

Este eres tú. Esa es tu esposa.

Ahora, quiero tener cuidado a la hora de generalizar lo que tu esposa necesita de tu parte. Tal vez sea una persona despreocupada e independiente. Pero diré que lo más probable es que le gustaría que la traten como esta imagen del Pastor y Su cordero en esta etapa. De tu parte.

Como bien sabes, los ojos del hombre forman una conexión directa con sus afectos. Lo que él ve, lo estimula. Tan solo un vistazo a algo apenas sugerente puede hacernos latir el corazón con fuerza. Sin embargo, en el caso de nuestras esposas —una vez más, en general—, el toque físico proporciona esa clase de estimulación.

Lo menciono porque estar casado mucho tiempo significa que tu esposa probablemente no luce exactamente igual que en tus fotografías de boda. Mirar su cuerpo no tiene el mismo efecto que antes. Y, desde su perspectiva, ella es mucho más consciente de esto que tú.

Entonces, ¿qué haces? Ajustas tus anteojos.

La amas. La afirmas. La animas. La tratas con ternura y afecto. La tocas. La cuidas.

No es demasiado tarde para decidir hacer estas cosas. Y, por supuesto, no es ninguna estrategia nueva. Empieza cuando te arrodillas y le das gracias a Dios por el regalo de esta mujer que Él puso a tu cuidado hace tanto tiempo.

Nancy y yo somos muy amigos de una pareja que ha batallado con la salud del esposo. Ella lo ha cuidado de maneras que nos han sorprendido y animado. En esencia, el esposo está inválido y su esposa ha sido llamada a suplir todas sus necesidades.

Esta pareja ahora está enfrentando noticias devastadoras respecto a las vidas y los fracasos de sus hijos casados. Como suele suceder, esta lucha ha tenido un impacto particularmente debilitador sobre la esposa, la cual, como dije, ha estado cuidando con ternura de su esposo sumamente enfermo.

Después de preguntarle cómo estaba, Nancy recibió este mensaje de parte de ella:

> Muchas gracias, hermana preciosa, estoy muy agradecida por tus oraciones. A mí también me faltan las

palabras. Realmente deseo que luchen en oración con nosotros. Me siento completamente exhausta y horrorizada, y es muy difícil escribir ahora. Por eso, el largo silencio.

Pero lo único que me ha mantenido entera y ha evitado que me deslice a la locura por esto (no exagero, mis sentimientos y mi falta de sueño, por momentos parecen afectarme mucho mentalmente) es la fidelidad de mi esposo a la hora de lavarme con el agua de la Palabra cada mañana. Todas las mañanas, me lee largas porciones de la Escritura, y tenemos un tiempo largo y poderoso de oración (donde solemos mencionar tu nombre e interceder por ti también). Esto ha guardado mi corazón y mi mente: mi pastor/esposo que me lava con la Palabra y en oración.

Este hombre al que conocemos y que no se encuentra bien está amando y cuidando a su esposa de maneras poderosas y tangibles. Aquí tienes a un hombre que está corriendo su recta final y recordando atesorar a «la mujer de su juventud».

¿Acaso esta historia no te anima y te inspira?

Tu esposa es un regalo maravilloso, y tienes mucha suerte de que te siga amando, a pesar de todas tus flaquezas, tus puntos débiles y tus peculiaridades, que son muchos. ¿Sí?

¿No debería demandar de tu parte, y de la mía… afirmación? ¿Ánimo? ¿Ternura? ¿Afecto?

Tu esposa es un regalo maravilloso, y tienes mucha suerte de que te siga amando, a pesar de todas tus flaquezas, tus puntos débiles y tus peculiaridades, que son muchos.

¿Qué estás comunicando?

Por más terrible que se volvió la pandemia de COVID-19 en la primavera de 2020, Nancy y yo nos encontramos pasando más tiempo juntos que nunca. Tiempo para hablar. No había partidos de pretemporada de los Cubs, ningún torneo de golf, ninguna visita a casa, ningún viaje de negocios y no se podía salir para nada. Así que hablábamos.

Descubrí lo que siempre había sabido. La conversación es el puente mágico entre tú y tu esposa. Así como fue fundamental para tu relación cuando se conocieron, sigue teniendo la misma clase de poder, incluso a nuestra edad.

Por supuesto, para que la conversación funcione, necesitamos reforzar nuestras habilidades para escuchar. Y nuestra capacidad de hacer preguntas. Y nuestra disposición de escuchar lo que ella tiene para decir.

En este momento de tu matrimonio, después de todos estos años, la crítica no te funcionará mejor que antes. El cinismo tampoco. O el sarcasmo. Si eres susceptible a estas cosas, a los suspiros y a poner los ojos en blanco, estos son pecados que necesitas confesar. Están lastimando a tu esposa y la posible belleza de tu relación con ella.

Siempre que te encuentres haciendo estas cosas —no escuchándola, no buscando comunicarte con ella— pide perdón con rapidez. Ella necesita las palabras limpias y reconfortantes de su esposo, el hombre al que Dios ha llamado a tratarla con respeto y amor. (Ese eres tú).

Tenemos amigos que viven en las ciudades gemelas. Él viene de una larga línea de contadores públicos, y hace muchos años, abrió una empresa contable. Ahora, esta empresa tiene decenas de contadores calificados y le ha provisto a nuestros amigos un estilo de vida envidiable.

Hace 20 años, su iglesia estaba organizando un retiro de matrimonios de todo el fin de semana. Mi amigo pensó: *Claro, ¿por qué no? A todo matrimonio le viene bien renovarse, ¿no?* La primera noche del retiro, el orador invitó a las parejas a mirarse el uno al otro, tomarse de la mano y decirse: «Te amo». Como mi amigo consideraba que su deber como esposo era ir primero, le dijo a su esposa: «Te amo».

El aire entre ellos pareció congelarse. Su esposa, después de suspirar, lo miró a los ojos y dijo con una mirada dura: «Yo no te amo».

Como imaginarás, mi amigo se quedó helado.

Una de las razones por las que amo a este hombre, el cual está por entrar a su propia recta final, es que no perdió los estribos. No puso excusas. No le echó la culpa a su esposa. En cambio, se hizo plenamente responsable de la respuesta devastadora de su esposa.

Tal vez sepas bien cuánto te ama tu esposa. Hace mucho que estás en este baile con ella. Quizás pienses que tienes un matrimonio sólido. Y si así es, me alegro. O tal vez seas como mi amigo, que no tenía idea. Es más, al contarme la historia, dijo que le habría dado a su matrimonio «un ocho en una escala del uno al diez». Eso fue lo que me dijo.

Como tú también habrías hecho con un amigo que acaba de contarte algo así, le hice preguntas sobre cómo su matrimonio, 20 años después, es realmente fuerte y satisfactorio, tanto para él como para ella. Aquí tienes algunos de sus secretos.

Primero, confesó su falta de esmero. Su falta de atención a ella y sus necesidades. No le ofreció una mera disculpa imprecisa. En cambio, confesó su desconsideración específica y le pidió perdón. Después, prometió: «A partir de ahora, ser un hombre diferente. Un esposo nuevo».

¿Qué se comprometió a hacer este hombre y esposo nuevo?

A dejar notas y dulces por allí. Aunque admite que no es un romántico, supuso que una nota escrita a mano y alguna golosina estratégicamente colocadas por la casa todos los días comunicarían su amor por ella. Hace años que lo hace.

Responder a sus pedidos. Me dijo que, aunque él es más de la filosofía del *laissez-faire,* su esposa proviene de la tierra del orden. Así que, hace 20 años, cuando ella le pedía, por ejemplo, que por favor guardara la escalera en el garaje, él no siempre lo hacía o no lo consideraba una prioridad. *Lo haré cuando pueda,* pensaba. Pero después de esta experiencia en el retiro y de la resolución que vino como consecuencia, cambió su manera de actuar. Ella pedía; él respondía. La esposa lo notó de inmediato.

Basta de caminos cruzados. Esto es algo difícil para muchas parejas, pero en el caso de mi amigo, valió la pena. «Yo era una persona noctámbula; ella, era más matutina. Nunca nos íbamos a acostar a la misma hora». (No pregunté qué impacto tenía esto sobre su vida íntima, pero puedo imaginarlo). Aunque tuvo que obligarse a ir a dormir antes de las nueve, lo hizo de todas maneras para que pudieran irse a la cama *juntos,* como pareja. «Ahora, soy un hombre matutino», me dijo. «Y casi siempre, nos vamos a dormir a la misma hora».[8]

Vacaciones versus viajes En ese entonces, como los hijos todavía vivían con ellos, cada viaje familiar involucraba a toda la familia. Esto cambió de inmediato. Aunque no descuidaron a sus hijos y la diversión de ir a lugares especiales con ellos, mi amigo siempre encontraba tiempo para escaparse solo con su esposa. Esto, según me dijo, fue revolucionario.

Tal vez te sorprenda que estas cosas eran increíblemente sencillas, y sin embargo, le comunicaron amor a su esposa de una manera que hicieron que cambiara de opinión sobre él y cambiaron el curso de su matrimonio. Mi amigo, que está frente a su recta final, es un representante ejemplar de un matrimonio sólido y satisfactorio. El camino de la humildad —el cual, una vez más, es la piedra angular que sostiene todas estas expresiones de amor— lo llevó adonde tan solo podría haber soñado con llegar.

Es más, hablaremos de la orientación a otros en el capítulo 8. Lo primero que hizo mi amigo cuando su esposa le dijo que ya no lo amaba fue llamar a un hombre que estaba felizmente casado hacía diez años más que él, le contó lo que su esposa acababa de decirle y le rogó que lo ayudara. El hombre mayor accedió.

¿Mucho trabajo? Sí.

¿Valió la pena? Sin lugar a dudas.

Un viaje de lujo a ninguna parte

Hace muchos años, tuve la divertida experiencia de hacer un viaje de negocios de dos horas con un hombre de negocios sumamente exitoso. Íbamos en avión rumbo a Nueva York para una reunión importante. Además de pasar algo de tiempo a solas con un hombre al que admiraba muchísimo, tuve la oportunidad de volar en su propio jet. Si nunca tuviste esta experiencia, créeme. Es genial. Nada de hacer fila para subir al avión. Nada de chequeos de seguridad. Nada de pases de embarque ni de zonas de embarque atascadas de gente o asientos en el medio de la fila. Al subir al avión, me inundó el aroma embriagante de cuero de los asientos suaves, la vista de madera laqueada, las terminaciones de bronce pulido y la alfombra afelpada. Un lujo increíble. Una vez que cruzamos la pista de despegue y nos disparamos hacia el cielo, mi compañero y yo nos pusimos a conversar. Mientras sostenía con cariño una Coca fría en un vaso con hielo y sentía la humedad helada sobre mi mano, le pregunté sobre su vida y su trabajo. Fue más que sincero con un hombre de 20 años menos que él. Me sentí halagado. Entonces, su rostro se volvió reflexivo. Casi triste.

«Esta es la época en la que debería estar disfrutando de la vida —declaró con melancolía—. Y mimando a mi esposa. Tendríamos que estar celebrando mi éxito y viajando por el mundo juntos. Pero esto no va a suceder».

Hizo una pausa, y luego volvió a hablar.

«Tengo todo esto», dijo señalando los increíbles detalles del interior del avión valuado en 20 millones de dólares, «pero no tengo una esposa con la cual disfrutarlo. No nos soportamos. Llevamos vidas completamente separadas». Entonces, pronunció unas palabras que nunca olvidaré: «Estaría dispuesto a abandonar todo esto si tuviera una esposa que me amara. Una mujer a la que realmente amara».

Esta conversación sucedió hace mucho, mucho tiempo. Y aunque este hombre ya no está, quisiera presentártelo. Quisiera que, más allá de que me creas lo que te digo, él pudiera contarte qué haría de otra manera en esta parte. Nos hace reflexionar. Son palabras punzantes que espero que tú y yo nunca jamás digamos.

Esas tablas de mortalidad

Aunque este libro se trata de vivir y no de morir,[9] si me lo permites, necesito hablar de algo durante unos minutos. Puedes tomarte el tiempo de buscarlo, pero créeme. Sencillamente por ser hombre, es probable que mueras antes que tu esposa. Las razones de esta expectativa varían, pero incluyen la realidad de que las muertes en la carretera son la tercera causa principal de mortalidad, y los hombres suelen pasar más tiempo en la autopista que las mujeres. Además, los hombres en general toman más riesgos que las mujeres. Por ejemplo, ¿cuándo fue la última vez que escuchaste a una mujer gritar: «¡Oigan, chicos, miren esto!»?

¿Ves a qué me refiero?

Así que, ya que es cierto que las mujeres, en general, viven más que los hombres, es razonable pensar que tu esposa estará parada junto a tu ataúd abierto durante el funeral, mientras la gente mira tu cuerpo y hace comentarios tontos como: «Ay, ¿no parece como si estuviera durmiendo?».

Por definición, tu recta final terminará en tu muerte. Y a medida que te acercas a esa línea donde empezaste tu última vuelta, necesitarás ayuda. Un cuidador. Una de las opciones para conseguir a alguien que provea esta clase de servicio es buscar en

internet: «cuidado para el final de la vida». Hay muchas empresas
en tu zona que se especializan en esto. Pero, te advierto, puede
ser muy costoso. Además, significará que enviarán a un extraño
a tu casa a cuidarte… o que te enviarán a un lugar lleno de
extraños. Tengo una mejor idea. Y puedes comunicársela a tu esposa o
mantenerla entre nosotros. Nadie en toda la tierra cuidará mejor
de tu cuerpo viejo y desfalleciente que la mujer que ya prometió
hace mucho tiempo estar allí «hasta que la muerte nos separe».

Ningún servicio de enfermera a domicilio que puedas encontrar
por internet podrá enviar a alguien mejor preparado para estar a
tu lado que tu esposa.

Algunos dirán que lo que propongo es egoísta, como si sugi-
riera que cuides bien a tu esposa hoy para que ella te cuide bien
mañana.

Bueno, quizás es así. Pero ¿por qué no querríamos terminar
nuestra carrera con la mujer que Dios nos dio al principio? Dos
vidas que literalmente han funcionado como una. Bancos de
memoria llenos de fotografía y aventuras e historias demasiado
preciosas como para descartar. Tan solo piensa en todo lo que han
compartido… lo bueno, lo malo y lo desagradable.

**¿Por qué no querríamos terminar nuestra carrera
con la mujer que Dios nos dio al principio?**

Tal vez digas: «Pero, la he herido. La he descuidado. No la
valoré. No merezco su bondad durante mi ocaso. Es demasiado

tarde para mí». No, no lo es. Con todo respeto, permíteme implorarte que lo intentes.

Como con todas las relaciones, tal vez empiece con confesarle que no has sido el esposo y el compañero que esperabas ser desde un principio. Has estado ocupado y distraído. Pero le pides perdón, y estás decidido a terminar el viaje con ella a tu lado. Feliz y satisfecho. Nada es más importante.

Tal vez te lleve algo de tiempo reunir el valor para decirlo... y repetirlo hasta que ella sepa que hablas en serio. Pero cuando lo hagas, creo que te agradará el resultado.

Eso del primer amor

Cuando Bobbie se mudó al cielo en 2014, empecé a aceptar lo que ella les había dicho a varios amigos cercanos. «Robert volverá a casarse. No está hecho para estar soltero». Como de costumbre, tenía razón.

Pero yo no sabía exactamente cómo abordar este esfuerzo. Había pasado mucho tiempo desde mis épocas de cortejo, y no recordaba que fuera tan incómodo. Veía parejas en restaurantes, tomados de la mano en mesitas redondas, mirándose embobados. Eso no era para mí, y lo sabía. La idea de ponerme de novio a mi edad me parecía indecoroso.

No quiero aburrirte con mis dramas caseros, pero esto fue lo que sucedió. La idea de conectarme con una excolega profesional me pasó por la mente. Pero ¿qué posibilidades había de que una mujer de 57 años de edad llamada por Dios a la soltería cambiara su trayectoria de vida para entretener, y mucho menos aceptar, la idea de dejar entrar a un hombre? Estaba ansioso por intentarlo.

Pero ¿cómo? Las ideas del Salmo 23 que mencioné anteriormente en este capítulo hablan de la clase correcta de actitudes, pero ¿y las tácticas? Es decir, ¿cosas con las cuales podría ganármela? En el pasado, cuando me dedicaba a las ventas, siempre me esforzaba por descubrir todo lo que podía sobre mi futuro cliente. No era difícil. Los folletos promocionales en general me proveían mucho material. Y cuando esta clase de información resultaba limitada, el tiempo que pasaba en las salas de espera corporativas me mostraba muchísimas otras cosas que mis clientes valoraban. Cuando entraba a la oficina del cliente, las paredes y las mesas estaban llenas de pistas. Fotografías de viajes de pesca, placas que anunciaban reconocimientos especiales, fotos enmarcadas de familiares. Tomados juntos, todos estos indicadores me decían qué era importante para esta persona.

Con Nancy, tuve la ventaja de pasar tiempo leyendo los libros que ella había escrito. Los devocionales diarios que había elaborado me permitieron echar un vistazo a su corazón y su amor por Dios y Su Palabra. Libros como *Sea agradecido: Su camino al gozo,* *Santidad: El corazón purificado por Dios,* y *Mentiras que las mujeres creen: y la verdad que las hace libres,* fueron guías de estudio genuinas para un pretendiente entusiasta.

No es nada distinto de lo que hiciste cuando conociste por primera vez a esa chica, aun si no tuviste la ventaja de las «guías de estudio» como yo. Más que nada, querías derretir su resistencia hacia ti y animarla a que se enamorara de ti. Hablabas con sus amigos y familiares sobre lo que le gustaba y lo que no le gustaba. Le hacías buenas preguntas.[10] Y escuchabas con atención.

Pero lo más probable es que, a esta altura, has tenido años, quizás décadas, de estudio. Conoces tan bien a tu esposa que sabes perfectamente lo que le gusta y lo que no le gusta. Aun mejor, tienes un historial con ella. Te conoce. Sabe muy bien cuáles son tus debilidades y lo que te hace reaccionar.

Pero ¿y si decidieras, incluso ahora, correr tu recta final intentando con todo tu ser transformar tu matrimonio en aquello que soñaste que sería hace tanto tiempo? Tal vez podrías empezar a remodelar tu matrimonio haciendo un trabajo de inteligencia.

¿Y si decidieras, incluso ahora, correr tu recta final intentando con todo tu ser transformar tu matrimonio en aquello que soñaste que sería hace tanto tiempo?

En su poderoso libro *Confessions of a Happily Married Man* [Confesiones de un hombre felizmente casado], el abogado y escritor Joshua Rogers escribe: «Hace falta valor para preguntarle a tu esposa: "¿Qué tal es estar casada conmigo?"».[11] Pero una vez que tu esposa te da su informe —su evaluación sincera—, puedes decidirte a abordar estas cosas de a una a la vez.

Hace no mucho tiempo, una iglesia de nuestra zona me pidió que hablara en una conferencia de hombres sobre el tema del matrimonio; en especial, respecto a lo que había escrito en *Como el Buen Pastor*. Me divertí mucho contando historias —la mayoría, malas— sobre cómo había intentado y fracasado en mi propia vida.

Pero también compartí algunas victorias. Por ejemplo, hablé de cómo, al conquistar a Nancy, le había enviado muchos mensajes de texto. Muchos. Todas las mañanas durante mi tiempo con la Palabra, le enviaba algún versículo bíblico que me llamaba la atención. Ya te lo he contado. También le deseaba buenos días y le decía que esperaba que hubiera descansado bien la noche anterior y que tuviera un lindo día. En general, escribía: «Te amo». A veces, añadía su nombre: «Te amo, Nancy», o para que fuera especialmente suculento, la llamaba «mi tesoro», «mi chica hermosa» o «querida».

A Nancy le encantaba.

Así que ahí mismo, en medio de mi charla en la conferencia, les pedí a los hombres que sacaran sus teléfonos celulares y les enviaran a sus esposas el siguiente mensaje de texto: un sencillo «te amo». O si realmente querían tocar su corazón, que añadieran su nombre o alguna otra palabra dulce para describirlas.

Una hora más tarde, durante un receso, uno de los hombres de mi edad se me acercó y me mostró tímidamente su teléfono. Como un buen chico, le había enviado el mensaje de texto a su esposa. ¿Su respuesta? «¿El tipo que enseña el taller te dijo que lo hicieras?».

Nos reímos juntos.

Pero hacer esto por tu esposa no es ninguna broma. Y hacerlo con frecuencia le asegura que, si tuvieras que volver a hacer todo otra vez, *lo harías*. Volverías a elegirla. Y das gracias de que ella dijo «sí».

Ya mencioné el libro que escribí con mi amigo Mark DeVries, *The Most Important Year in a Man's Life*. Mark estuvo al frente de las ceremonias de las bodas de mis dos hijas. Escribimos ese libro para ayudar a los hombres jóvenes a navegar su primer año de matrimonio, sabiendo (como he dicho a menudo) que el primer año no suele ser el más difícil, pero *sí* es el más importante. Es donde se establecen los hábitos y los patrones de conducta que duran todo el matrimonio.

Entonces, ¿qué me dices de ti? Tal vez tienes décadas de casado. Ya hace mucho que no estableces patrones. Están grabados como huellas en lo que solía ser cemento fresco. Pero el mismo principio se aplica al considerar el comienzo de tu recta final. Y así como exhorté a los novios recién casados, me encantaría animarte a hacer todo lo que puedas para que este año —y el próximo, si tienes otro más— sea un año maravilloso en tu matrimonio.

He señalado algunas razones para hacerlo y algunos consejos sobre cómo lograrlo. Pero, claramente, la razón más importante para dedicarte de lleno a este año y a los años que tengas por delante es el puro gozo de hacerlo. Aquí tienes algunas cosas fáciles que puedes hacer.

Acurrúquense. Aunque has perdido algo (o la mayoría) de la libido que ambos tenían cuando se casaron, cuando podías hacer el amor como un semental mucho más que una vez cada seis meses, deslízate por la cama justo antes de ir a dormir o temprano por la mañana, tan solo para abrazar a tu esposa. Es un momento excelente para hablar… para repasar el día anterior, hablar del que tienen por delante o simplemente enumerar razones por las cuales la amas.

Envía tarjetas bonitas Como Nancy y yo éramos mucho mayores que la típica pareja cuando nos casamos, decidimos celebrar aniversarios mensuales. Sabíamos que nunca alcanzaríamos a nuestros amigos que estaban por sus aniversarios número 40 o 50, así que el 14 de cada mes, para nosotros, es motivo de celebración. En internet, e incluso en el diccionario de la RAE, hay un nombre para los aniversarios de un mes. Se llama *cumplemés*. Los vendedores de tarjetas nos aman. *Tómense de la mano.* Si esto te hace recordar la vieja canción de los Beatles, bienvenido al club. Sé que esto es de la vieja escuela, pero intenta no dejar pasar oportunidad de tomarla de la mano. Cuando caminan juntos, cuando van en el auto, mientras están en la iglesia sentados, durante la cena en casa o en un restaurante,[12] extiende la mano y toma la de ella. Así fue como empezó el romance entre ustedes, ¿no? ¡Vamos! Toma la decisión de volver a esos días de mariposas en el estómago.

Cuando caminan juntos, cuando van en el auto, mientras están en la iglesia sentados, durante la cena en casa o en un restaurante, extiende la mano y toma la de ella.

Di: «Te amo». Ya sea que lo digas o lo envíes por mensaje de texto, usa mucho esta frase. Gástala. Evita la tentación de convencerte de que ya lo dijiste demasiado hoy. Tu esposa nunca se cansará de escuchar estas palabras. Son mágicas.

Sufran juntos. Puede parecer que esto no tiene nada que ver con lo que venimos hablando. Pero tiene sentido. Cuando vas envejeciendo, frecuentas más funerales que bodas. Es cierto, ¿no? Probablemente, sean los servicios para tus padres y tus amigos mayores. Pero para uno de mis queridos amigos en su recta final, un hombre de sonrisa fácil, se trata del funeral de su hijo de 33 años, el cual murió al instante en un accidente automovilístico. Al reflexionar sobre esta trágica experiencia, me recordó que esta clase de tragedia devastadora suele tener un efecto impredecible sobre el matrimonio. «Cuando me enteré de su muerte, me desplomé sobre el suelo del dolor —me dijo—. Entonces, sentí que me tocaban y escuché la voz de mi esposa. "Todo estará bien", me susurró.»Y ahora, más de doce años después, aunque el dolor me acecha todos los días, ella tenía razón. La inversión de 40 años que hice en mi matrimonio ha sido un regalo que me hice a mí mismo».

Oren juntos. Para algunos hombres, esta es una montaña empinada para escalar. Para alguien de tu edad, lo más difícil tal vez sea que hace tantos años que están casados y nunca (o rara vez) lo hicieron. *Qué extraño empezar a orar con mi esposa ahora,* tal vez pienses. ¿Puedo rogarte que hagas todo lo posible por superar esta vacilación? Es más, antes de probar algo nuevo como esto, cuéntale a tu esposa tu idea y pregúntale si le parece bien. Orar con tu esposa justo antes de irse a dormir o cuando se despiertan (suponiendo que sus horarios se ajusten a esto), o antes de comer juntos, es un hábito precioso. Tómala de la mano y oren. Que ella te oiga darle gracias al Señor por el regalo maravilloso que es para ti.

Quiero que sepas que te animo desde las gradas a medida que buscas fortalecer tu matrimonio. Y no te dejes abrumar por todas las cosas que dije. Hacer una o dos puede traer la clase de recompensa que confirmará que estás haciendo algo bien, que vas por buen camino. Esa es mi esperanza y mi oración mientras decides amar mejor a tu esposa… mientras puedas.

Oración para la recta final

Padre del cielo, empiezo esta oración con el corazón lleno de gratitud. Hace muchos años, me diste un regalo admirable. Una jovencita de la que estaba enamorado me dijo: «sí». Desde entonces, ha sido mi compañera, mi amante y mi amiga. Gracias por ella. Ahora, te pido que, en el tiempo que todavía me das, me ayudes a ser el hombre de sus sueños. El hombre que la ame y la trate con la clase de ternura y amor que realmente merece. Te pido que los años que vienen, gracias a mi decisión, sean los mejores. Gracias por darme el poder para amarla bien. Ayúdala a entender este mensaje enseguida. En el nombre de Jesús. Amén.

CAPÍTULO 6

En forma para esta carrera

... golpeo mi cuerpo y lo hago mi esclavo, no sea que habiendo predicado a otros, yo mismo sea descalificado.

—1 CORINTIOS 9:27

AUNQUE A TRAVÉS DE LOS AÑOS, los eruditos han especulado sobre quién escribió el libro de Hebreos en el Nuevo Testamento, la identidad de esta persona nunca quedará clara. Sin embargo, lo que sí sé sobre este escritor es que era sumamente perspicaz. Hebreos está lleno de joyas, especialmente concentrado en la persona de Jesús y Su justo lugar en el pináculo de la historia humana.

Por ejemplo, el libro empieza así:

> Dios, que muchas veces y de varias maneras habló a nuestros antepasados en otras épocas por medio de los profetas, en estos días finales nos ha hablado por medio de su Hijo. A este lo designó heredero de todo, y por medio de él hizo el universo. (Heb. 1:1-2, NVI)

Si sacamos todas las frases preposicionales y reducimos el texto a su esencia (¿recuerdas el análisis sintáctico?), nos quedamos con esto: «Dios habló».

¿Y qué dijo?

Sencillamente, dijo… «Jesús».

Después, el libro sigue revelando casi más información de la que podemos absorber. Detalles sobre el Salvador. El pastor Chuck Swindoll resume lo que Hebreos nos revela:

> Jesús es tanto el Hijo divino de Dios como completamente humano, y en Su rol sacerdotal, despeja el camino para que los seres humanos se acerquen al Padre del cielo a través de la oración (Heb. 4:14-16). El sacerdocio de Jesús es superior al de Aarón en el Antiguo Testamento, porque solo a través de Jesús recibimos salvación eterna (5:1-9). Es más, Jesús se transformó en el Sumo Sacerdote permanente y perfecto, al ir más allá de todos los demás sacerdotes y ofrecerse a sí mismo como sacrificio sin pecado a favor de los pecados de los seres humanos (7:24-26; 9:28).[1]

¿No es esta una excelente noticia? Jesús no es tan solo un hombre ejemplar o un profeta designado por Dios. Es la única persona que fue tanto hombre como divino. Dios, para ser exactos.

Tal vez mi referencia favorita sobre Jesús se encuentra en el capítulo 12, donde el autor nos dice que Jesús nos marca el ritmo mientras corremos una carrera.

> Por tanto, puesto que tenemos en derredor nuestro tan gran nube de testigos, despojémonos también de todo

peso y del pecado que tan fácilmente nos envuelve,
y corramos con paciencia la carrera que tenemos por
delante, puestos los ojos en Jesús, el autor y consuma-
dor de la fe, quien por el gozo puesto delante de Él
soportó la cruz, menospreciando la vergüenza, y se ha
sentado a la diestra del trono de Dios. (Heb. 12:1-2)

No estoy seguro de cómo sucedió, pero en 1979, escogí
este pasaje como mi texto para enseñar en la primera lección
de escuela dominical del año. Parecía apropiado para dar inicio
a los doce meses del calendario; tanto fue así que, durante más
de 30 años, enseñé sobre ese mismo texto el primer domingo de
cada año.

Como suele pasar con el estudio consistente de la Palabra de
Dios, año tras año, emergían nuevas cuestiones maravillosas. Es
más, recuerdo claramente que unos cinco o seis años después de
estar enseñando este pasaje, por fin entendí por qué estos versículos golpeaban con tanta fuerza. Y aquí está: como el objetivo
de entrar a una carrera es ganar, ¿qué evita que lo haga? ¿Qué
evita que gane?

Es sencillo. Dos cosas: «todo peso» y «pecado».

Así que, al correr mi recta final, estas cosas son las que me
impedirán ganar, o al menos, correr con éxito la carrera. La Biblia
lo dice. Pero incluso si no lo hiciera, lo sabría por experiencia.

Y lo que estoy por contarte no es para jactarme. Es tan solo
mi historia.

Somos lo que comemos... o bebemos

Mi madre era una aficionada de la comida saludable antes de que la comida saludable estuviera de moda. Mis hermanos y yo nunca vimos una rebanada de pan blanco por ninguna parte. Mamá espolvoreaba germen de trigo sobre nuestra sopa de tomate y nos animaba (con insistencia) a tomar un multivitamínico todos los días. Incluso nos daba —o debería decir, nos obligaba a tomar— aceite de hígado de bacalao. Sin duda, el sabor más desagradable conocido para la humanidad.[2]

Una de sus amigas tenía una tienda de alimentos saludables. Cuando yo era pequeño, ir de visita a la tienda de Irene Kuhn era horrible y aburrido. No había nada en los estantes que me resultara ni un poquito atractivo. Pero hoy, doy muchas gracias por mi madre y por «Irenie». En gran parte, gracias a su influencia, nunca me costó comer saludable.

Lo mismo me sucedió con el ejercicio. Hace 25 años, un amigo me regaló una máquina para ejercitar en casa más traicionera que un potro de tormento. Se llama VersaClimber. Después de usarla religiosamente durante muchos años, me animaron a alternar con otras cosas, así que empecé a entrenar en una máquina elíptica. Incluso ahora, mi objetivo es no dejar pasar tres días sin pasar algo de tiempo en estos dispositivos de tortura.

Espero no estar molestando a los demás respecto a lo que como o a cuánto me ejercito, y por cierto no quiero hacer sentir a nadie como un vago sin disciplina. Es más, la mayoría de lo que acabo de decirte no lo hablo con otros. Es cosa mía.

Me esfuerzo por mantener en forma mi cuerpo y por «comer limpio».[3] Por eso, aunque muchos gurús del control de peso te dirían que no lo hagas, me peso en la báscula del baño todas las mañanas. Y a los 72 años, peso apenas un kilo y medio (tres libras) más de lo que pesaba cuando me gradué de la escuela secundaria. Uso la misma talla de pantalón que cuando tenía 17. No me estoy jactando. Es tan solo mi historia.[4] Es un regalo que me estoy haciendo.

Pero, bueno, ¿y si tu madre no fue Grace Wolgemuth? ¿Qué sucede si, desde que eras joven, viviste alimentado por azúcares refinadas y comida chatarra y frita? ¿Entonces qué? ¿Es demasiado tarde para ti?

Mi opinión es que no.

Digamos, por ejemplo, que hace varios años que tienes un auto de alto rendimiento, y no te enteraste de que necesitaba gasolina súper para funcionar adecuadamente. Todo este tiempo, le has estado poniendo la común. Al darte cuenta de tu error, hablas con un mecánico altamente calificado. ¿Qué crees que te dirá?

Supongo que recomendaría una puesta a punto meticulosa y exhaustiva en su tienda. Después, sugeriría un plan para seguir adelante: de aquí en más, nunca uses nada más que el combustible adecuado de alto octanaje. Le respondes que te parece una buena idea.

Esto haría que te parezcas a mi amigo Ken Davis. Ken estaba en su quinta década. Un verano, él y su esposa Diane invitaron a sus dos hijas y tres nietos a una semana en la playa. Durante sus vacaciones, Ken me envió una dulce foto que su hija le había tomado, tomándole la mano a uno de sus nietos y mirando al océano. Pero Ken, algo horrorizado al verse desde ese ángulo, solo pudo ver los dulces que lo habían llevado a alcanzar ese peso.

«Desde atrás, parezco un león marino», se quejó. «Si no hago algo al respecto, no llegaré a ver a este nieto crecer».

Así que, aun a su edad, Ken decidió hacer algo al respecto. Cambió su dieta. Empezó a hacer ejercicio. Incluso a su edad. Y hoy te diría con entusiasmo que el cambio ha sido drástico, y que bien valió la pena. Te diría que si necesitas trabajar en tu forma y condición física, al igual que en su caso, no es demasiado tarde.[5]

Yo te diría lo mismo. Hace cinco años, por ejemplo, dejé de beber alcohol. Esta decisión coincidió con el tiempo en que me enamoré de Nancy Leigh DeMoss. Ella no me pidió que lo hiciera, aunque es abstemia. Sin embargo, me ofrecí a terminar mi relación con el vino, y ella me lo agradeció.[6]

Puedo cambiar. Me alegra saberlo.

¿No te alegra también?

Como estamos en una carrera, nuestro objetivo debería ser terminar bien la recta final. Los récords mundiales no son para nada importantes, pero correr bien sí. Como podamos hacerlo. En teoría, podemos correr una carrera con 25 kilos (50 libras) de sobrepeso, pero no lo haremos demasiado bien. Las palabras operativas en el pasaje de Hebreos son «con paciencia». No estamos buscando altas velocidades. Se trata de resistir. De fortaleza y determinación. De un compromiso de ser lo mejor que podemos, sin culpa por el pasado, despojándonos de «todo peso» que amenace con complicarnos demasiado esta recta final.

En el capítulo 4, consideramos la idea de hablarnos a nosotros mismos, en lugar de tan solo escuchar. Tal vez no haya otro aspecto —excepto lo que mencionaré en las próximas páginas— en donde esto sea más importante que en esta cuestión del estado físico.

Sentirse viejo en la habitación

Ya sabes que, mientras armaba el manuscrito para este libro, les hice a varios amigos de mi edad algunas preguntas relacionadas con la recta final. Una de ellas fue: «¿Cuándo fue la primera vez que te sentiste viejo?».

Iré primero.

Bobbie y yo estuvimos casados 44 años y medio. Las relaciones sexuales nunca fueron un problema para mí. Es más, recuerdo sonreír interiormente cuando veía esos anuncios para combatir la disfunción eréctil (DE) por televisión o internet. *Vaya, sí que me alegro de no tener ESE problema,* recuerdo haber pensado.

Adelantemos a 2012. A mi esposa, después de disfrutar de 62 años de excelente salud, le diagnosticaron cáncer de ovarios en etapa IV, como ya mencioné. Y debido a la naturaleza y la ubicación de su enfermedad, nuestra vida íntima se transformó en un desafío. Para mí incluso más que para ella. Cerca del final, nos vimos obligados a una absoluta moratoria. Adelantemos al menos 18 meses. Me casé con una mujer diez años menor que yo, una virgen de 57 años. Decir que nuestra luna de miel fue un desastre en el área de intimidad física sería el eufemismo de este libro.

Al ver a qué nos enfrentábamos, llamé a un amigo mío, un médico, que recomendó un medicamento que podía tomar. (Estábamos en la República Dominicana, así que no tenía autorización de enviar una receta médica por fax). Fui de prisa a lo que parecía ser una mezcla de farmacia, ferretería, taller mecánico y tienda de mascotas. Apurado por irme de allí, compré algo que se parecía a la droga recomendada, la cual pude conseguir sin receta solo porque estaba fuera de Estados Unidos. Como no estaba muy al tanto de la tasa de cambio, tal vez pagué unos 500 dólares por el medicamento, pero no importó.

Y tampoco funcionó.

Si alguna vez lidiaste con la DE, conoces bien la frustración indescriptible. Un temor real. Insomnio acompañado de preguntas y ansiedad. Y como mi nueva esposa no sabía nada de hombres, cuestiones masculinas o intimidad, se mostró comprensiva pero no tenía idea de cómo ayudar.

A los 67 años y sin identificarme con mi edad (ya que este libro no me había pasado por la mente aún), estaba en mi propia recta final con una profunda ansiedad. Aunque este no era el «peso» del que habla Hebreos 12, era una realidad física que me tomó por sorpresa y me anuló.

Me había encontrado con un gran estorbo para competir en esta vuelta y salir exitoso.

Felizmente, al regresar a Estados Unidos y llamar rápidamente a mis propios médicos, me pusieron en un protocolo que al tiempo me encaminó otra vez. Pero, sin importar cuáles sean tus desafíos físicos durante estos años, te animo a hacer varias cosas.

Mantén una relación estrecha con tu médico de cabecera. No es ningún secreto que los hombres suelen evitar los médicos. Las mujeres son más propensas a ponerse en contacto con su médico a la primera señal de… cualquier cosa. ¿Tú y yo? No tanto. Pero no ir al médico no es una buena idea. A nuestra edad, el número de teléfono de nuestro médico debería estar siempre al alcance. A la primera señal de algo, de cualquier cosa extraña que no parezca estar bien, llámalo o envíale un mensaje de texto. Para eso está.[7]

Cuida lo que comes. Como ya mencioné, tu dieta es tu combustible. Y olvida mis comparaciones del cuerpo con un auto de alto rendimiento. Tu cuerpo es mucho más elaborado, complejo y maravilloso que cualquier cosa que se arme en una línea de ensamblaje. Si te atraen cosas que no te hacen bien, toma la decisión de mejorar. Empieza mañana. Pídele a tu esposa que te ayude al comprar comida saludable. Cuando salen a comer afuera, ten cuidado con las cosas fritas, y no permitas que tus amigos se burlen de ti por pedir una ensalada de vez en cuando.

Haz ejercicio. A nuestra edad, la caminata es lo mejor. A mí me gusta algo un poco más riguroso, así que suelo usar máquinas para ejercicio aeróbico como la elíptica o el escalador. También tenemos una caminadora para cuando el clima no colabora. Tengo unas mancuernas que uso cuando ya precalenté. Te animo a hacerlo sin transformarlo en un circo. No estás sudando para que te aplaudan. Estás poniendo tu cuerpo a trabajar a modo de dar «gracias» al Señor por Su regalo de buena salud.

Una de mis cualidades favoritas de la Palabra de Dios es su franqueza. Está llena de verdad. El escritor a los hebreos quería ayudarnos a correr bien, así que no nos dio una lista de una decena de cosas para hacer. Solo dos.

«Despojarnos del peso» fue la primera. Esta es la segunda...

El pecado que tan fácilmente nos envuelve

Supongamos que tienes una idea básica de lo que es el pecado. Tal vez hayas escuchado al respecto cuando eras muy joven. Probablemente, esto fue antes de la era de internet, antes de que una inmundicia desenfrenada estuviera fácilmente al alcance con tan solo tocar una tecla. Pero sabías sobre el pecado. Qué era. Qué es.

Eres dolorosamente consciente de lo que el apóstol Pablo llama «los dardos encendidos del maligno» (Ef. 6:16).

Aunque la expresión «ninguna cadena es más fuerte que su eslabón más débil» no se encuentra en la Biblia,[8] entiendes por tu propia experiencia con el pecado a lo largo de tu vida que no hace falta esfuerzo alguno de tu parte para hacer cosas pecaminosas. El pecado es nuestra tendencia natural. No hace falta que hagamos una lista de nuestras luchas con el pecado, aunque podríamos hacerlo.

Pero a nuestra edad, estamos dejando atrás lo que podríamos considerar nuestras épocas de pecado más evidentes. Entonces, ¿cómo corremos nuestra carrera a medida que el impacto del pecado sobre nosotros cambia... y, esperemos, se debilita? Bueno, nuestro amigo Pablo nos da más de una pista: «Los ancianos deben ser sobrios, dignos, prudentes, sanos en la fe, en el amor, en la perseverancia» (Tito 2:2). En lugar de publicar una lista de los «doce pecados sucios» que los hombres mayores deben evitar, Pablo va directo al grano con seis cosas. «No te preocupes tanto por mantenerte alejado de las cosas desagradables —podría haber escrito—. Sencillamente, ve en pos de esta media docena de cosas realmente buenas».

Una digresión rápida pero importante. ¿Alguna vez recibiste un mensaje de texto que no era para ti? Es un error muy fácil de cometer, ¿no? Cuando recibo un mensaje equivocado, me doy cuenta enseguida. Seguramente, tú también. «Ups, perdón. No era para ti» es algo que escribí muchas veces. Bueno, compañero de recta final, lo que sigue del puño y letra del apóstol Pablo no es un mensaje al azar que era para otra persona. Está directamente dirigido a ti y a mí.

Así que, analicemos estas seis admoniciones que escribió Pablo a su colega Tito para que alentara a los hombres mayores de su ministerio —los muchachos en la recta final— en la isla de Creta. Aunque se escribieron hace casi 2000 años, estas seis cuestiones siguen siendo relevantes.

Ten autocontrol

Como ya hablamos en el capítulo 4, el autocontrol se trata de hablarte a ti mismo, en lugar de solo escuchar. Esa voz que escuchas puede ser muy engañosa, así que el truco es poder responderle. Hacerla callar cuando intenta lastimarte.

> **El autocontrol se trata de hablarte a ti mismo,
> en lugar de solo escuchar.**

Recuerdo que cuando era joven, usaba la frase «mis padres me matarían si se enteraran» como una razón para decir que no a lo que me instaba a pecar. Sin embargo, todo cambió cuando fui a la universidad. En general, mis padres no tenían idea de qué estaba haciendo, a cientos de kilómetros de distancia.

Entonces, a los 18 años, empecé a pensar antes de tomar decisiones sobre cuestiones que estaban bien o mal sin culpar a nadie más. Después, a través de una serie de sucesos devastadores y sus decisiones consecuentes, me tomé en serio mi caminar con Dios. Decidí, por la gracia de Dios, escuchar Su voz que me amonestaba y me aclaraba todo, y después, tener el valor para decir lo que pensaba, para ser mi propio entrenador.

Una vez más, el apóstol Pablo resume a la perfección cómo debemos llegar «a la condición de un hombre maduro, a la medida de la estatura de la plenitud de Cristo; para que ya no seamos niños, sacudidos por las olas y llevados de aquí para allá por todo viento de doctrina, por la astucia de los hombres, por las artimañas engañosas del error» (Ef. 4:13-14).

¿Quién quiere volver a ser un niño? ¿Quién anhela hacer cosas insensatas? Nosotros no, ¿verdad?

Sé digno de respeto

En la década de 1980, la empresa de inversiones Smith Barney contrató al icónico actor británico John Houseman para crear una serie inolvidable de comerciales televisivos. Me encantan esos anuncios. Eran sencillos y fuertes, con un mensaje claro. Smith Barney no solo afirmaba ser una empresa de inversiones de talla mundial; esperaban que la gente usara sus servicios porque se esforzaban más que cualquier otro en la industria. «Smith Barney gana dinero a la vieja usanza. Se lo gana».

La palabra importante de Pablo a Tito al respecto es justamente esta: ser «dignos» de eso. En otras palabras, ser la clase de hombre mayor que no exige que se lo respete. Sé un hombre mayor que se lo gane.

Una de las lecciones más importantes que he aprendido como padre fue que, cuando mis hijos eran pequeños, no tenían opción más que obedecerme. Sencillamente en virtud de mi tamaño físico en comparación con el de ellos, en algún momento, tenían que ceder y obedecer.

Pero, a medida que fueron creciendo, aprendieron a obedecerme porque me respetaban y respetaban mis opiniones. ¿Cómo sucedió esto? Fue un resultado de prestar atención a la clase de hombre que era, de ver la coherencia entre lo que esperaba de ellos y cómo vivía yo mi propia vida. Además, había transparencia y confesión cuando me equivocaba.

Lo mismo sucede contigo. Tus hijos adultos te respetan porque, según su opinión, eres digno de su respeto. Te lo ganaste. ¿Acaso esto significa que seas sin defecto? ¿Perfecto? Por supuesto que no. Te vieron fracasar, tal como los míos me vieron a mí. Te observaron tomar decisiones tontas. Pero también vieron tu actitud respecto a estas cosas. Vieron a un hombre humilde. Un papá transparente. Y decidieron respetarte. Porque, para ellos, lo habías vivido. Sigue siendo *digno*.

Sé sensato

Las palabras siempre me llamaron la atención. Incluso cuando era pequeño, recuerdo que me fascinaban. A mi edad, las colecciono. Mis preferidos son unos buenos verbos. Pero los buenos adjetivos no se quedan atrás.

«Sensato» es uno de ellos; una palabra modesta que tiene un tremendo poder. Si alguien te hace una propuesta, el simple hecho de que sea *sensata* suele ser razón suficiente para que aceptes. «Tiene sentido» es un factor de peso.

Cuando era pequeño, mi abuela tenía un cuadro colgado en la sala. Era una habitación que, en general, no estaba abierta a los niños. Pasábamos por ahí, pero nunca nos deteníamos a jugar. El cuadro se llamaba *The Broad and Narrow Way to Heaven* [La senda amplia y la senda angosta al cielo],[9] y mostraba gráficamente lo que el artista creía que Jesús quiso decir en el Sermón del Monte con la siguiente metáfora:

Entrad por la puerta estrecha, porque ancha es la puerta y amplia es la senda que lleva a la perdición, y muchos son los que entran por ella. Porque estrecha es la puerta y angosta la senda que lleva a la vida, y pocos son los que la hallan. (Mat. 7:13-14)

Cincuenta años después de ver este cuadro, decidí dar una serie de lecciones de escuela dominical sobre lo que Jesús podría haber querido decir al mencionar la senda amplia y la senda angosta. Decidí que, como mi objetivo como seguidor de Cristo era entrar algún día al reino de Dios, aprender a llegar allí no sería una pérdida de tiempo.

Después de estudiar las implicaciones de esta descripción gráfica, decidí que la representación de la pintura estaba mal. Era absolutamente inexacta. La senda angosta no está ni a la derecha ni a la izquierda; más bien, está por el centro.

Lo descubrí en los escritos del rey Salomón. Por supuesto, su colección de dichos veraces se puede encontrar en el libro de Proverbios, y su objetivo al escribirlo era desarrollar la importancia y el poder de la sabiduría. El cuarto capítulo de Proverbios provee lo que tal vez sea la descripción más exhaustiva del significado de la sabiduría que se encuentra en la literatura de cualquier clase y cualquier época. Y confirmó mi noción de que la senda angosta en realidad se encuentra en el medio del camino. Escucha esto:

Hijo mío, presta atención a mis palabras, inclina tu oído a mis razones; que no se aparten de tus ojos, guárdalas en medio de tu corazón. Porque son vida para los que las hallan, y salud para todo su cuerpo.

Con toda diligencia guarda tu corazón, porque de él
brotan los manantiales de la vida. Aparta de ti la boca
perversa, y aleja de ti los labios falsos. Miren tus ojos
hacia adelante, y que tu mirada se fije en lo que está
frente a ti. Fíjate en el sendero de tus pies, y todos tus caminos
serán establecidos. No te desvíes a la derecha ni a la
izquierda; aparta tu pie del mal. (Prov. 4:20-27)

Como un hombre mayor —un hombre en su recta final—,
mi tarea no es solo *actuar* de manera sensata sino *ser* sensato.
Lógico, práctico, sagaz. Conducirme solo de manera radical en
una categoría, en la de ser *extremadamente* justo. Mi objetivo
no es ser «equilibrado», ponderando por igual lo izquierdo y lo
derecho, sino vivir correctamente alineado.[10] No vivir en la rareza
de los extremos, sino de manera mesurada y cuidadosa. Y con
sabiduría.

Sé sólido en la fe

Volvamos a mi fascinación con las palabras. «Sólido» es otra interesante. Por supuesto, puede referirse a la integridad de un ele-
mento. «¿Cuán sólida es esa mesa?», podríamos decir, o: «No
creo que este sea terreno sólido». Pero también tiene otro uso.
Hablamos de la «solidez del dólar». En otras palabras, nos referi-
mos a que es una moneda segura y fiable.

En el pasado, se encontraban las siguientes palabras impre-
sas en los billetes de dólares: *Silver Certificate* [Certificado de
plata]. Esto significaba que el billete físico tenía el respaldo
de un metal precioso real. Si el dinero en papel no se podía

intercambiar equitativamente por plata u oro guardado en algún lugar como Fort Knox y la Casa de la Moneda de West Point, no se imprimía.

En 1963, la Cámara de Representantes de Estados Unidos aprobó un decreto que revocaba la Ley de Compra de Plata, retirando todos los certificados de plata. A partir de entonces, el departamento del tesoro tenía la libertad de imprimir dinero.

Es más, como un ejemplo más reciente, durante la pandemia de COVID-19 en la primavera de 2020, el gobierno federal imprimió billones de dólares para evitar que la economía se fuera a pique debido a los millones de trabajadores que tomaban licencia. Estos dólares se le daban a todo el que no fuera un multimillonario, tuviera cierta edad y respirara.[11]

El impacto inflacionario de esta falta de «solidez» promete sentirse durante décadas. Así que la «solidez del dólar» ya no significa nada.

Pero en su carta a Tito, Pablo desafía a los hombres mayores a «tener una fe sólida» (NTV). En otras palabras, a ser auténtico sobre lo que crees. A nuestra edad, nos hemos pasado una vida llenándonos la boca de elogios sobre lo que creemos. Pero tenemos que asegurarnos de que, durante nuestra recta final, podamos respaldar nuestras palabras con suficiente evidencia.

Una vez más, en otra carta, Pablo deja en claro cómo debería verse esta evidencia de fe: «Mas el fruto del Espíritu es amor, gozo, paz, paciencia, benignidad, bondad, fidelidad, mansedumbre, dominio propio» (Gál. 5:22-23). Esta es una lista de verificación para la posteridad. En nuestros funerales, si alguien leyera esta lista durante nuestro panegírico como algo demostrado por nuestra vida, sería lo único que tiene que decir. ¿No es cierto?

Si la solidez de tu fe no está respaldada por verdad y autenticidad, es una farsa.

Si la solidez de tu fe no está respaldada por verdad y autenticidad, es una farsa.

Sé sólido en amor

La misma estructura de solidez debe funcionar en cuanto a nuestra manera de amar. Nuestras relaciones tienen que ser auténticas. No hay lugar para el engaño.

Jesús, en Su última reunión en el aposento alto con los discípulos, antes de Su juicio y crucifixión, priorizó la solidez en el amor a otros. Me imagino a estos hombres, sentados en el suelo alrededor de la comida, prestando atención con hambre a cada una de las Palabras del Maestro. «Un mandamiento nuevo os doy: que os améis los unos a los otros; que como yo os he amado, así también os améis los unos a los otros. En esto conocerán todos que sois mis discípulos, si os tenéis amor los unos a los otros», les dijo (Juan 13:34-35).

Entonces, ¿por qué esta clase de amor sería tan importante, y especialmente desafiante, para los hombres de nuestra edad?

Bueno, empecemos con el estereotipo. En 1993, Walter Matthau y Jack Lemmon aparecieron en la pantalla de cine con una película que los catalogaba (y tal vez a nosotros también, por extensión) *Dos viejos gruñones*. Por supuesto, mostraba al tipo de hombre que saca corriendo a los niños de su patio delantero, algo en lo que suele pensar la gente al considerar a hombres de nuestra edad.

Créase o no, este síndrome tiene un nombre: andropausia. Supongo que es como una especie de equivalente masculino de la menopausia. Solo que no se lo digas a tu esposa. No te lo recomiendo.

En un artículo de la revista *Men's Health,* el autor Bill Briggs escribió:

> Los niveles de testosterona suelen decaer a medida que los hombres envejecen, según la Clínica Mayo. Estos déficits de hormonas suelen apagar los ánimos masculinos, dice el Dr. Ridwan Shabsigh, jefe de la Sociedad Internacional de Salud Masculina y urólogo en la ciudad de Nueva York.
>
> «La testosterona es una hormona que genera músculo, reduce la grasa corporal, afecta la energía y aumenta el deseo sexual», afirma Shabsigh. «Sin embargo, también tiene efectos neuropsicológicos. Y en algunos hombres que encontramos en nuestra práctica, estos efectos pueden ser de lo más visibles: malhumor e irritabilidad».[12]

Briggs sigue informando…

> «Los pacientes con baja testosterona tienen menos capacidad de concentración. Y se sienten menos capaces de tolerar los matices de la vida cotidiana; desde la familia, los amigos, los colegas y hasta los clientes»,

dijo Shabsigh. «No importa lo que hagas, siempre hay personas a tu alrededor, y a veces, te irritan. La capacidad de tolerar o de lidiar con esto se reduce cuando la testosterona está baja».[13]

Así que, quizás esto responde a tus preguntas sobre un mayor malhumor o un impulso sexual disminuido con el correr de los años. Uno de mis amigos me confesó que esto le estaba sucediendo. Aunque estábamos hablando por teléfono, podía «ver» su sonrisa cuando describió el desafío de «moverse con éxito» en su momento de intimidad sexual. Pero con todo respeto al buen doctor que encontró evidencia de que realmente hay una tendencia progresiva que disminuye la «solidez» de nuestro amor a medida que envejecemos, esto no es ninguna excusa. Ser sólido en el amor tal vez nos exija contar hasta diez más que antes, pero no hay por qué sentir que perdimos la batalla solo porque nos falte algo en el aspecto químico.

Sé sólido en la resistencia

Qué excelente palabra y concepto para los hombres de nuestra edad.

Una simple búsqueda de sinónimos en internet para *resistencia* arroja palabras jugosas como: *valor, vigor, fortaleza, perseverancia* y *energía*. En el capítulo 2, cuando enumeraba todo lo que mi papá me «dejó» como parte de su herencia, mencioné «terminar un proyecto». Esto fue un gran regalo de su parte.

Cuando mis hijas eran pequeñas, hacíamos un juego sobre la idea de terminar. Cuando se iban de una habitación donde habían estado jugando, las animaba a detenerse a la puerta, darse vuelta y preguntarse si alguien podría darse cuenta de que habían estado ahí. Para que fuera divertido, imaginábamos que las cosas que dejaban atrás eran como humo. Si hubieran estado fumando en la habitación, habría sido imposible no darse cuenta.

Todo a modo de diversión, si entraba a una habitación y veía muchas cosas que habían dejado atrás después de jugar (en general, juguetes en el suelo), hacía como si estuviera tosiendo. «¡Oh, no!», decía, jugando. «¡Este cuarto está lleno de humo!».

Sin embargo, este concepto no es ninguna broma. Es de suma importancia para tu recta final.

Y antes de dejar atrás este tema que a veces es difícil de abordar para hombres de nuestra edad, según un artículo reciente de la revista *Newsweek*, solo el 31 % de nosotros tiene un consejero financiero calificado.[14] Es como entrar a la recta final sin un médico. No es una buena idea.

Ser sólido en resistencia significa perseverar con sabiduría hasta el final.

Esto no parece pecado

Así que, esta es una lista bastante exhaustiva de cosas para buscar a nuestra edad: tener autocontrol, ser digno de respeto, sensato y sólido en la fe, el amor y la resistencia. «Pero ¿por qué no hacer estas cosas sería pecado?», tal vez te preguntes con razón. «¿No podemos considerarlas simplemente buenas sugerencias? ¿Consejo sano? Si no hacemos una o más de ellas, está bien. Al fin y al cabo, somos humanos, ¿no?».

Bueno, al examinar todas estas cosas buenas, tengo una mala noticia para nosotros. Santiago nos pincha el globo con una afirmación que hace en el libro de la Biblia que lleva su nombre: «A aquel, pues, que sabe hacer lo bueno y no lo hace, le es pecado» (Sant. 4:17).

Esta es una lista bastante exhaustiva de cosas para buscar a nuestra edad: tener autocontrol, ser digno de respeto, sensato y sólido en la fe, el amor y la resistencia.

Nuestra tarea no es solo intentar evitar *no* hacer estas cosas, sino inclinarnos a hacerlas de manera intencional. Ya sabes, la mejor defensa es una buena ofensiva. Todo entrenador de fútbol americano que sea digno de sus pantalones de licra lo sabe.

En cuanto al pecado, necesitamos tomar buenas decisiones y *hacer* cosas buenas (ofensiva), en lugar de esforzarnos por *no* hacer cosas malas (defensa).

A nuestra edad, hemos observado a hombres buenos, algunos de ellos amigos, tomar decisiones insensatas que los han llevado a hacer cosas horribles. Estos hombres creyeron que lo que hacían en secreto nunca tendría consecuencias. Pero no fue así. Sin simplificar demasiado, es imposible saber qué habrían logrado estos hombres que corrieron bien si hubieran decidido inclinarse por las cosas buenas cuando les quedaba mucho tiempo en la recta final.

No daré ningún ejemplo aquí sobre cómo algunos que he conocido, en su recta final, han decidido tener un amorío o caer en otra clase de conductas horribles, e incluso han llegado a la tragedia de quitarse la vida. Conoces algunas historias de este estilo, ¿no? Estos relatos todavía nos dejan sin aliento.

Entonces, ¿qué podemos hacer? Bueno, podemos tomar en serio las exhortaciones bíblicas. Las que nos instan a ser sólidos en lugar de volubles y débiles. A dar un paso al frente, incluso a nuestra edad, y hacer lo correcto.

Para que conste, te estoy alentando, amigo mío.

Oración para la recta final

Padre del cielo, tu Palabra me deja en claro que mi cuerpo es un templo. Pero no solo un templo común y corriente. Es literalmente el lugar donde habita tu Espíritu Santo, Su hogar. Y así como probablemente ordenaría todo si un dignatario fuera a visitar mi casa, quiero hacer inventario de mi cuerpo y preguntarme cuán bien estoy cuidando de la residencia del Espíritu Santo. Gracias por mi cuerpo. Por favor, dame la sabiduría y la disciplina para cuidarlo bien; no para mi gloria, sino para la tuya. En el nombre de Jesús. Amén.

CAPÍTULO 7

El tiempo libre no es gratis

*Yo te glorifiqué en la tierra, habiendo terminado
la obra que me diste que hiciera.*
—JUAN 17:4

NANCY Y YO ESTÁBAMOS VISITANDO a nuestros planificadores financieros. Como nos casamos cuando ella tenía 57 y yo 67, nos llevó algunos años resolver cómo ajustar los años fiscales que habíamos pasado separados. Nuestras carteras necesitaban un plan que tuviera sentido como una sola.

Uno de los ítems del documento que estábamos estudiando se llamaba «dividendos de inversiones». La cifra no era demasiado alta, pero recuerdo algunos pensamientos que me vinieron a la mente al verla.

¿Esta cifra salía de la nada?

¿Era un regalo? ¿Era gratis?

¿O nos la habíamos ganado?

A medida que se acerca tu recta final, o si la estás viviendo ahora, hay algo que probablemente hayas notado. Cada vez hay más días en tu calendario sin ninguna reunión agendada.

No hay almuerzos de negocios ni llamadas en conferencia. Más tiempo libre. Prepárate: esto solo irá en aumento con el correr del tiempo.

Así que, ¿este tiempo libre será como el dividendo mágico de tus inversiones, o en realidad te lo ganaste? ¿Se parece más a la nómina que a Navidad? La pregunta más amplia es: más allá de lo que sintamos al respecto o de dónde haya salido realmente, ¿qué haremos con este tiempo que ahora tenemos a nuestra disposición?

Un hombre con una misión

De acuerdo con los historiadores, el apóstol Pablo nació en una familia judía en el año 4 o 5 d. C. en la ciudad de Tarso, en la región de Cilicia, parte del Imperio romano. Educado en una escuela rabínica en Jerusalén durante su juventud bajo la atenta mirada de Gamaliel, un fariseo que era doctor en la ley judía, Pablo salió a detener la expansión temprana del cristianismo. En sus propias palabras, «perseguía yo a la iglesia de Dios y trataba de destruirla» (Gál. 1:13).

Cuando tenía unos 30 años, Pablo iba camino a la ciudad de Damasco para seguir llevando a cabo su misión de extinguir la llama del cristianismo que se propagaba rápidamente. Pero el Dios todopoderoso tenía otros planes para este hombre.

> Y sucedió que mientras viajaba, al acercarse a Damasco, de repente resplandeció en su derredor una luz del cielo; y al caer a tierra, oyó una voz que le decía: Saulo, Saulo, ¿por qué me persigues? (Hech. 9:3-4)

Durante los 35 años siguientes, Pablo dedicó toda su atención a revertir el daño que le había hecho a la iglesia. Para cuando leemos la última de sus cartas bíblicas, encontramos al apóstol que probablemente tenía algo más de 60 años... en su recta final. ¿Sabes dónde está? Así es, en una cárcel romana. Encadenado. Así que, nuestro amigo se encontró con mucho tiempo libre. Y al pensar en su situación, mi pregunta es: este tiempo en la prisión, ¿era un castigo o una recompensa? ¿Acaso Dios estaba poniendo a Pablo en un estante para que decayera en el anonimato, terminando en silencio sus días, o quizás era exactamente donde Dios quería que estuviera? ¿Sería incluso *esta* situación —un tiempo en la cárcel— la próxima gran tarea de Pablo?

¿Acaso hay significado y propósito en el tiempo libre que nos ha brindado nuestra recta final, o es nuestra oportunidad de poner nuestra vida en punto muerto y disfrutar de los dividendos del trabajo de toda la vida?

Volvamos a lo que te pregunté hace poco: ¿Acaso hay significado y propósito en el tiempo libre que nos ha brindado nuestra recta final, o es nuestra oportunidad de poner nuestra vida en punto muerto y disfrutar de los dividendos del trabajo de toda la vida? En otras palabras, ¿será este tiempo un regalo inesperado, o una convocatoria? ¿Deberíamos tomar esta época como una excusa para no hacer nada o como una razón para ocuparnos?

Bueno, preguntémosle a Pablo.

Hermanos, quiero que sepan que, en realidad, lo que me ha pasado ha contribuido al avance del evangelio. Es más, se ha hecho evidente a toda la guardia del palacio y a todos los demás que estoy encadenado por causa de Cristo. Gracias a mis cadenas, ahora más que nunca la mayoría de los hermanos, confiados en el Señor, se han atrevido a anunciar sin temor la palabra de Dios. (Fil. 1:12-14)

El apóstol Pablo no iba muy campante por sus años de recta final; los tomaba como una convocatoria divina, y entendía que lo estaban observando aquellos a los que había ministrado, que ahora veían su vida como mucho más que palabras. Era una prueba viva, un ejemplo perfecto de evidencia encarnada del poder y la realidad del evangelio.

Sin asomo de orgullo o arrogancia, Pablo estaba diciendo: «Ya escucharon lo que dije sobre seguir a Cristo. Me escucharon predicar. Leyeron mis cartas. Ahora... miren esto».

La maldición la puerta de garaje automática

Mi primera casa en Tennessee se encontraba en la tranquila ciudad dormitorio de Brentwood; en esencia, un vecindario a las afueras de Nashville. Esto fue en 1984, y en esa época, la zona central de Tennessee seguía funcionando como una ciudad sureña. Hoy ya no. Ahora, el lugar está lleno de un tránsito alocado y desarrollos comerciales en cada esquina. Pero bueno, nuestra casa se encontraba en un vecindario tranquilo con casas hermosas en terrenos de 4000 m² (un acre). Sin embargo, después de algunos años de vivir en esa casa, empecé a darme cuenta de que prácticamente no conocíamos a nadie de nuestro vecindario. ¿Sabes por qué? Por fin entendí la razón.

Teníamos puertas automáticas para abrir el garaje.

Al final de cada día de trabajo, llegaba a casa, tocaba un botón y estacionaba el auto. A menudo, salía del auto cuando ya estaba dentro del garaje, iba hasta la puerta que daba a la cocina y tocaba el botón en la pared que cerraba la puerta del garaje. (El hombre de la casa de al lado cerraba la puerta del garaje incluso antes de salir del auto. Lo vi muchas veces. Mensaje enviado; mensaje recibido).

Así que, en el improbable caso de que *viera* a un vecino mientras llegaba a mi casa, tal vez nos saludábamos con la mano, pero en general no nos deteníamos a hablar... lo cual no era un problema, ya que probablemente no sabía su nombre.

En resumen, estaba viviendo mi sueño en un hogar a medida más grande de lo que necesitaba en realidad, con un garaje para tres autos y cinco chimeneas. Y casi cero interacción con los vecinos.

Pero entonces, en mi cumpleaños número 44, los engranajes empezaron a fallar. Mi negocio —lo que estaba pagando esta casa enorme— se vio obligado a cerrar sus puertas. Tuvimos que despedir a mis empleados y empezar de nuevo. Eso incluyó mi casa.

Encontramos un pequeño vecindario nuevo a pocos kilómetros de donde las casas no eran a medida y la distancia entre casas se medía en metros, y no en estadios de fútbol. La casa se encontraba en un *cul-de-sac,* frente a otras casas. Aquí era imposible ir y venir sin ver a nadie, al menos, sin pasar por maleducado. Pero en vez de lamentarnos por nuestra pérdida de preciosa privacidad, tratamos esta nueva experiencia como un regalo para disfrutar. Para mí, esto cambió los paradigmas.

Tres años más tarde, nos mudamos de Tennessee a Florida, pero lo hicimos con la experiencia de haber vivido en ese *cul-de-sac* lleno de amor vecinal, lo cual marcó una diferencia notable y asombrosa entre un vecindario y el otro. Cuando nos fuimos, los vecinos nos despidieron con una fiesta e incluso nos regalaron un álbum de recortes lleno de fotos y recuerdos de aquellos tres años. El título era: «Camelot». A ver si superas eso.

La clase de comunidad entre personas que solían ser extrañas era algo que nunca antes había conocido, y decidí no permitir más que el estilo de vida de la puerta automática del garaje volviera a reinar. Así que, cuando me mudé al Estado del Sol a los 52 años, llegué totalmente cambiado.[1]

El condado de Orange, en Florida, tiene cientos de comunidades cerradas. Es la manera en la que los benefactores y desarrolladores del condado diseñaron la zona. Algunos de estos vecindarios tienen cientos de casas. Otros, menos. Nos mudamos a uno de los más pequeños, con tan solo 39 casas.

El mes en que nos mudamos, la empresa que había desarrollado aquel vecindario se estaba preparando para entregar la organización y el liderazgo a la gente que vivía allí. Como probablemente ya sabes, esto se llama asociación de propietarios. Yo no tenía idea de qué significaba eso. Pero estaba a punto de descubrirlo.

Tuvimos la primera reunión y me pidieron que fuera el vicepresidente. Un año más tarde, el presidente renunció y me eligieron para tomar su lugar. Durante los próximos quince años.

¿Me arrepentí de haber aceptado la tarea? Sin duda. Muchas veces. Pero ¿recuerdo acaso esta experiencia ahora con reproches, mientras transito mi recta final? En absoluto.

Entonces, ¿para qué me tomaría el trabajo de contarte esta historia, y por qué perderías tiempo al leerla? Buenas preguntas. Se debe a que no sé dónde vives. Tal vez vivas en el medio del campo sin un vecino a la vista, o en un departamento en la ciudad, donde tú y tu vecino comparten una pared. Quizás vivas en un vecindario a las afueras de la ciudad, con casas que salpican la calle, como un tablero del Monopoly. Tal vez formes parte de la asociación de propietarios, o puede que no tengas idea de qué es. Pero puedo decirte que en 2015, después de vivir en nuestro vecindario de Florida durante 15 años, vendí esa casa y me mudé al norte como hombre soltero. Sin embargo, por la gracia de Dios, dejé atrás preciosos amigos para toda la vida. Quiero que tengas la misma clase de relaciones atesoradas.

Así que, Sr. Recta Final, ¡te designo presidente de tu propia asociación de propietarios! Los años que te queden por vivir en donde estás son para que puedas conocer y valorar a tus vecinos. Una vez más, no sugiero que hagas nada formal, si no tienen una asociación de propietarios oficial, pero a tu vecindario le vendría bien el liderazgo. Un organizador. Un hombre bondadoso, considerado y que se interese. Un pastor.

Tal vez nunca necesitó uno tanto como ahora.

Solo pueden caerte mal las personas
que no conoces

Mientras escribo estas palabras, Estados Unidos (la tierra de los libres y el hogar de los valientes) arde bajo fuego. Nunca hubo la clase de animosidad que nos rodea ahora. A toda hora, las noticias son un sumidero de expertos que se gritan unos a otros. Se trazan líneas en la arena, y los ciudadanos levantan bandera y toman partido por un lado o el otro.

Así que, ¿por qué rayos incluiría estas cosas en un libro escrito para hombres como tú que tienen mi edad o quizás son un poco más jóvenes? Bueno, porque tenemos la oportunidad de tomar nuestro «tiempo libre» y empezar a amar a nuestro vecino.

Tenemos la oportunidad de tomar nuestro «tiempo libre» y empezar a amar a nuestro vecino.

¿Es fácil? No. ¿Es algo que nos surge de forma natural o para lo cual tenemos una habilidad especial? Probablemente, no. Si somos sinceros, lo más probable es que tú y yo preferiríamos hacer cualquier otra cosa y no lo que sugiero, ya sea leer un libro, navegar por internet, mirar golf por televisión o tan solo dormir una siesta. Para eso compramos esa silla reclinable tan cara, ¿no?

Pero, si me lo permites, me gustaría proponerte algo que podría transformar tu vecindario. Y este plan te involucra a ti.

Pero primero, permíteme mostrarte un pasaje de la Escritura que probablemente ya conozcas. Estas palabras fueron pronunciadas por el Creador del universo, y Él sabe de qué está hablando.

Pero al oír los fariseos que Jesús había dejado callados a los saduceos, se agruparon; y uno de ellos, intérprete de la ley, para ponerle a prueba le preguntó: Maestro, ¿cuál es el gran mandamiento de la ley? Y Él le dijo: Amarás al Señor tu Dios con todo tu corazón, y con toda tu alma, y con toda tu mente. Este es el grande y el primer mandamiento. Y el segundo es semejante a este: Amarás a tu prójimo como a ti mismo. De estos dos mandamientos dependen toda la ley y los profetas. (Mat. 22:34-40)

Escucha estas palabras de Jesús con el siguiente contexto en mente. Cuando tus hijos eran pequeños, a veces les hacías algunas sugerencias. «Bueno, cariño, levantemos tus juguetes».[2] No era una situación de vida o muerte, así que tu voz era suave y persuasiva. Después, había momentos donde no dejabas espacio para interpretaciones. «¡Bajo ninguna condición y por ninguna razón te metas en bicicleta en esa calle llena de autos!». Le dejabas saber a tu hijo que no estabas bromeando.

Entonces, aquí lo tenemos a Jesús respondiendo a una pregunta de fuego cruzado de parte de un antagonista declarado. «¿Cuál es el gran mandamiento de la ley?», preguntó el hombre. Qué pregunta para hacerle al Creador del cielo y la tierra. «De todas las cosas que se encuentran en el Antiguo Testamento y lo que dijiste como Dios encarnado, ¿cómo sería la ley si la tuvieras que resumir?».

Pero al igual que cuando dirigías a tus hijos a alejarse de un peligro, Jesús fue directo al grano en presencia de los fariseos; hombres que tendrían que haber tenido mejor juicio, pero no lo tenían. ¿Imaginas a Jesús elevando un poquito la voz? *¿Puedes verlo? Es muy sencillo:* (1) ama a Dios y (2) ama a tu prójimo.

Nuestro amigo John Piper aborda este segundo mandamiento no negociable de la siguiente manera:

Ahora, esas son las dos cosas estupendas: amar a nuestro prójimo como a nosotros mismos. Digo que es abrumador porque parece como si me exigieran que me arrancara la piel del cuerpo y la envolviera alrededor de otra persona, como para sentir que soy esa otra persona; y todos los anhelos que tengo para mi propia seguridad y salud y éxito y felicidad ahora los siento por esa otra persona, como si fuera yo.

Es un mandamiento absolutamente asombroso. Si esto es lo que significa, entonces tendrá que pasar algo increíblemente poderoso y trascendental y regenerador y trastornador en nuestra alma. Algo sobrenatural. Algo que va mucho más allá de lo que seres humanos como yo, que buscan resguardarse, exaltarse, que quieren mejorar y avanzar y que se valoran con egoísmo, pueden hacer por su cuenta.[3]

Después, el pastor John termina con un signo de exclamación:

Amar a Dios es algo invisible. Es una pasión interior del alma. Pero se pone de manifiesto cuando amas a los demás.[4]

En aquella pequeña comunidad cerrada en Orlando, había una pareja con un solo hijo, que vivía en la universidad. El papá, Bryan, era un judío agnóstico autodesignado que manejaba el sarcasmo como pocos hombres que he conocido. Pero lo más importante es que era un fanático de los Cardinales de San Luis. Y después estaba yo: un cristiano, eterno optimista y un fan acérrimo del equipo rival, los Cubs.

Un día, después de un examen físico de rutina, a Bryan le diagnosticaron cáncer de colon. Durante una caminata por el vecindario, pasó a contarnos la noticia. Como un petirrojo sobre un insecto primaveral, Bobbie y yo rodeamos a Bryan y a Cindy con amor. Y sí, con oración.

En los días y las semanas que siguieron, siempre que salían a pasear los perros y pasaban frente a nuestra casa, nos deteníamos y hablábamos con ellos, y a menudo les ofrecíamos oración. A partir de allí, cada vez que Bryan pasaba con el auto cuando estábamos afuera, se detenía y bajaba la ventanilla. Nos abrió el corazón respecto a los tratamientos de quimioterapia atroces, brutales y venenosos que recibía cada varias semanas. Nunca olvidaré que decía que, cada vez que empezaba a sentirse mejor, era hora de otra infusión intravenosa y de la miseria que venía aparejada.

Sin embargo, Bryan sobrevivió. Su salud volvió a la normalidad. Y cuando nos enteramos de su recuperación, celebramos con él y su esposa en medio de nuestra calle.

Dos años más tarde, cuando a Bobbie también le diagnosticaron cáncer, una de las primeras cosas que hicimos fue ir hasta la casa de Bryan y Cindy a contarles. Me quedaría corto si dijera que caminaron con nosotros paso a paso durante esos dos años y medio de enfermedad. Estaban entre nuestros amigos más fieles y leales. Incluso al final, tuvimos un tiempo de oración con ellos, los cuatro solos. Bobbie, Bryan, Cindy y yo oramos junto a la cama de hospital en nuestra sala de estar, tres días antes de que Bobbie fuera al cielo.

La tarde en la que Bobbie falleció, nuestras hijas Missy y Julie vinieron en avión a Orlando, y necesitaba a alguien que la fuera a buscar y las trajera a casa. No dudé en pedírselo a Bryan. Así de cercanos nos habíamos vuelto. Como si fuéramos familia.

Quería muchísimo a Bryan, mi vecino. Todavía lo quiero. Es más, cada vez que se enfrentan nuestros equipos de béisbol, nos mandamos montones de mensajes de texto. Además de saludarnos «después de demasiado silencio de radio», empezamos a provocarnos hablando mal del equipo del otro.

Sencillamente, Bryan y yo no teníamos casi nada en común. Pero era mi vecino, y eso fue suficiente para arriesgarme a quererlo. Las recompensas de esta decisión son demasiado maravillosas como para describir. Es más, cuando me diagnosticaron un linfoma no hodgkiniano varios años más tarde, le envié un mensaje a Bryan para avisarle. Su respuesta fue inmediata. E inestimable.

> Lo lamento tanto, Robert. Pero si yo puedo salir airoso de una quimioterapia y del puerto implantado, tú también puedes. La quimio no es nada divertida, y por momentos te sentirás muy mal, pero sigue poniendo un pie en frente del otro y avanzando hacia la luz del final del tratamiento.
>
> Estaré pensando en ti. Ya sabes que no oro, pero tal vez haga una excepción por ti. Avísame si puedo hacer algo, aun si tan solo puedo ofrecerte palabras de ánimo y experiencia.

Me encanta porque amo a Bryan. Y sigo orando por él y por Cindy.

El camino de ladrillos amarillos

Cuando me casé con Nancy en 2015, me mudé a Michigan. Hasta luego palmeras. Hola, congelación. Sin embargo, ella valía la pena, y lo sigue valiendo.

Su casa queda en un vecindario mucho más pequeño que el nuestro en Florida; cuatro casas que albergan a cuatro parejas con nido vacío. A lo largo de los años, Nancy ha organizado cientos de reuniones y estudios bíblicos en su casa para personas que viven en la zona. Pero, tal como ella misma admite con humildad, les ha prestado poca atención a los vecinos. Y sin embargo, a decir verdad, la falta de interacción no parecía molestarles, creo yo, al saber que ella formaba parte de un ministerio del cual conocían apenas lo suficiente como para saber que querían mantener distancia.

Un día, Nancy yo estábamos hablando sobre la gente de nuestra calle. Sugerí que sería divertido invitarlos a cenar en nuestra nueva terraza de madera. Algo a la canasta, donde cada uno lleva algo para compartir. ¿Adivina qué? Lo hicimos. Y decir que lo pasamos genial no le haría justicia. «Hagámoslo otra vez», le confesó un hombre a su esposa sorprendida, la cual nos contó sobre su conversación cuando llegaron a su casa.

Desde entonces, nos hicimos buenos amigos de nuestros vecinos de al lado. Es más, la semana pasada, cubrimos un pedazo de cubierta vegetal (lleno de hiedra venenosa) que había entre las dos casas con un caminito cubierto de mantillo. Hace unos días, nuestra vecina pasó por casa y celebró lo que bautizó «el camino de ladrillos amarillos». Remató su visita al traer un increíble pan de manzana casero que nos tardamos una semana en comer, sirviéndolo con helado arriba como un tesoro tibio, de a un día a la vez.

Anoche, en la oscuridad, al ver las luces en nuestra terraza y sospechar que estábamos allí, vino sin más razón que para conversar un rato.

«Me encanta *nuestro* caminito», dijo.

A nosotros también.

Tal vez te preguntes por qué me he tomado el tiempo de contarte estas historias. Bueno, primero, recuerda que amar a los vecinos no me resultaba algo tan natural cuando era joven, e incluso más tarde. Mi papá era cordial con los vecinos, pero no tenía ni la menor idea de cómo se llamaban.[5] Así que, para mí, ocuparme de la gente que vive cerca es una habilidad que tuve que aprender.

Y segundo, ahora que estás acercándote a tu recta final o transitándola, tienes más tiempo para hacer esto —para amar a tu vecino— que nunca antes.

El poder redentor de un buen vecino

Rosaria Butterfield y yo nos conocimos en 2012. Ella había escrito un éxito de ventas titulado *The Secret Thoughts of an Unlikely Convert* [Los pensamientos secretos de una conversa improbable], y como mi vocación me lleva a prestar atención a estas cosas, encontré un amigo en común que nos presentó.

Al leer su libro, me fascinó su vida y su travesía espiritual. Fue lo más dramático que había leído. Pero lo que captó mi atención por completo fue la manera en que el Señor usó esto de los vecinos como el catalizador para ganar la pasión espiritual de una profesora universitaria agnóstica, lesbiana y con un doctorado.

El corazón de Rosaria se había acercado a Jesús como Salvador mediante muchas cenas en la casa de un pastor y su esposa. Sin embargo, no es lo que imaginas. Esta pareja nunca invitó a Rosaria y a su pareja a la iglesia. Desde su perspectiva, aceptar a Rosaria y alimentarla con una deliciosa comida no era un medio para predicar el evangelio. Era una personificación del evangelio.

Un domingo por la mañana, Rosaria sintió el impulso de salir de la cama y visitar la iglesia de este pastor. Una vez más, no lo hizo en respuesta a una invitación. Fue una respuesta a un amor y una bondad sin límites. Tal como ella describe, se quedó sentada en su auto en el estacionamiento por lo que le pareció una eternidad antes de entrar. Pero aquella mañana, el pimpollo de amor vecinal que el pastor y su esposa habían invertido en Rosaria floreció. A pleno. Esta persona que se declaraba una antagonista militante confesó su pecado y le entregó su corazón a Jesús.

No es ninguna sorpresa que, gracias a su propia experiencia, Rosaria se transformó en la mejor vecina después de su conversión. Es más, la animamos a poner por escrito sus experiencias, las cuales se transformaron en otro éxito de ventas llamado *El evangelio viene con la llave de la casa: La práctica de la hospitalidad radicalmente ordinaria en nuestro mundo poscristiano*.[6] Los relatos del vecindario de Rosaria y Kent en su libro son increíbles, pero absolutamente ciertos.

Otra vez, ¿por qué estoy dedicando tanto tiempo a esto de los vecinos?

Como ya dije, tú y yo, como hombres, estamos viviendo o acercándonos a una etapa en la cual es posible hacer algo deliberado en nuestros vecindarios. Extender la mano a los que viven cerca durante esta época podría ser una nueva aventura maravillosa.

El tiempo libre que tienes ahora es realmente uno de los dividendos de tu recta final. Es real. Es algo que te has ganado después de todos esos años ajetreados cuando parecía que no te quedaba nada de tiempo para la gente que vive al lado o a la vuelta de la esquina. Ahora hay algo de espacio, así que puedes. Porque no viven simplemente ahí sin razón alguna.

Empecé este capítulo con la historia del apóstol Pablo, que les escribía cartas a sus seres queridos desde una prisión romana. Sin embargo, resulta ser que no era el único apóstol que pasó tiempo en la cárcel. Es más, Hechos 12 cuenta la historia de Pedro, que también estaba en la prisión, pero en Jerusalén en lugar de Roma. Según lo describe la Biblia, Pedro estaba durmiendo entre dos soldados. Algunos eruditos creen que los tres hombres estaban encadenados unos con otros. Eso sí que es pasar tiempo de calidad con el tipo que vive al lado.

Una pregunta: ¿quién estaba encadenado a quién? Algunos dicen que Pedro estaba atado a los hombres a sus dos costados. Yo prefiero pensar que los guardias estaban encadenados *a él.*

Me encanta imaginarme a estos dos soldados yendo a trabajar por la mañana. Mientras toman un café, sus compañeros les preguntan qué tienen para el día. «Yo voy a estar encadenado a este judío que la gente dice que es un tipo muy especial», tal vez dijo uno.

«Muy especial» se queda corto.

Es decir, imagina todas las criaturas corruptas y desagradables que les habían encomendado cuidar en los años anteriores, o todos los quejosos burdos y violentos que seguramente podrían haber tenido que vigilar. Pero en cambio, tenían que estar conectados con cadenas de acero templado a un hombre que escribió: «que la gracia y la paz os sean multiplicadas» (1 Ped. 1:2), o que dijo:

> Someteos, por causa del Señor, a toda institución humana [*me refiero a ustedes, soldados*], ya sea al rey, como autoridad, o a los gobernadores, como enviados por él para castigo de los malhechores y alabanza de los que hacen el bien. (1 Ped. 2:13-14)

Un hombre que preguntó:

> ¿Y quién os podrá hacer daño si demostráis tener celo por lo bueno? Pero aun si sufrís por causa de la justicia, dichosos sois. Y no os amedrentéis por temor a ellos ni os turbéis. (1 Ped. 3:13-14)

Y mi favorito, en caso de que los guardias de la prisión pensaran que ellos estaban a cargo de este predicador judío renegado. Una vez más, estas son las palabras del mismo Pedro a los creyentes, incluido él mismo:

> Sois protegidos por el poder de Dios mediante la fe, para la salvación que está preparada para ser revelada en el último tiempo. (1 Ped. 1:5)

Casi podemos escuchar a las esposas de estos hombres decir, mientras sus esposos salían para trabajar ese día: «Que tengas un buen día, mi amor». Si estaban encadenados a Pedro, ¿qué otra posibilidad habría más que experimentar precisamente eso? Tal vez nunca hayas considerado que estás encadenado a tus vecinos. Pero de la misma manera que Pedro, y por la providencia soberana de Dios, vives muy cerca de personas que están perdidas. Personas que necesitan un vecino amoroso como tú. Gente que necesita escuchar el sonido de la voz de Jesús de cerca.

Es un hermoso día en el vecindario

Como los hombres de nuestra edad prefieren instrucciones sencillas, permíteme tomar un minuto para sugerir una estrategia con los vecinos. Por supuesto, adáptala a tu propia situación si es necesario.

Primero, *empieza orando por tus vecinos. Por nombre.* Sería bueno que lo hagas con tu esposa, ya que el plan la incluirá. «Señor, por favor háblales a Mario y a Luisa, a Martín y a Betina, a Carlos y a Débora. Revélales, de alguna manera, que estás aquí y los escuchas. Y, por favor, úsame como quieras para alcanzar a estas personas con amor».

Planea una reunión informal. Por supuesto, juntarse a comer es un buen catalizador, ya que todo el mundo tiene que comer. Que sea a la canasta, como hicimos nosotros, así no haces todo el trabajo. Esto también permite que los vecinos participen. Nuestra situación preferida es que yo haga algo a la parrilla y que los vecinos traigan los acompañamientos. Y, por supuesto, no te olvides de invitar a los solteros.[7]

Den las gracias para dar inicio a la comida. Esto puede ser un poco incómodo, porque probablemente no sepas mucho sobre sus vidas espirituales, pero ofrecer una bendición breve y precisa casi siempre será recibido con alegría. Da gracias al Señor por la comida que están por disfrutar, por las manos que la prepararon y por la alegría de pasar este tiempo juntos como vecinos. Puedes guardar tus oraciones por los misioneros y la paz mundial para algún otro momento.

Diviértanse. A nosotros nos gusta hacer preguntas fáciles como por ejemplo: «¿Cómo conociste a tu cónyuge?» o «¿Cuál es una de las cosas más graciosas que te ha pasado?», o «¿Qué hiciste para amueblar tu primera casa o departamento?».

No tengas miedo de actuar como el maestro de ceremonias o el anfitrión de la velada. Probablemente, no hará falta demasiado para romper el hielo, pero alguien tiene que empezar. Ese eres tú.

Envíale un mensaje a cada uno después. Un oportuno «Gracias por venir esta noche. Hagámoslo otra vez» es una excelente manera de resaltar y rematar la velada.

Proponte saludar a tus vecinos cuando los veas. Ahora que sabes sus nombres, puedes detenerte y saludar. Dedica tiempo a preguntar cómo están. Y escucha con atención. *Disponte a ser el capellán designado de tu vecindario.*

Como tomaste la iniciativa de conectarte con tus vecinos, que no te sorprenda si te llaman cuando llegue la tragedia. Muchos de tus vecinos no van a la iglesia. Como saben que te interesas y te han oído orar, es probable que te llamen cuando algo vaya mal.

Recuerda que amar bien a nuestros vecinos con el tiempo extra que tenemos durante nuestra recta final es exactamente lo que Jesús dijo que era el resumen del evangelio. Y aun si no te resulta algo natural, descubrirás rápidamente que amar a la gente que vive cerca se transformará en una recompensa en sí misma.

Somos llamados a amar bien a nuestros vecinos.

Incluso Jesús, aunque era más joven que nosotros, sabía que Su Padre le había encomendado una tarea. Y sabía cuándo la había terminado: «Yo te glorifiqué en la tierra, habiendo terminado la obra que me diste que hiciera» (Juan 17:4).

Y si esto es cierto en un sentido general en tu vecindario, imagina lo que sucedería si dedicaras algo de tu tiempo libre a algunos hombres jóvenes. ¿Te imaginas los dividendos de tu inversión?

Hablaremos de esto en el próximo capítulo.

Oración para la recta final

Querido Padre celestial, gracias por recordarme tus prioridades, como la de amar al prójimo. Perdóname por ir y venir sin detenerme a amar a las personas que viven tan cerca.

Sé que, a mi edad, el tiempo no está de mi parte, así que no tengo excusa para procrastinar. Recuerdo las palabras de Jesús en Su recta final: «Nosotros debemos hacer las obras del que me envió mientras es de día; la noche viene cuando nadie puede trabajar» (Juan 9:4). Gracias por incomodarte al amarme, por todo lo que hiciste para guiarme a conocerte y amarte. Comprometo estas horas extras en mi recta final para ser tu embajador justo aquí donde vivo. Gracias por este privilegio. En el nombre de Jesús y por el bien del evangelio, amén.

CAPÍTULO 8

Una inversión que vale la pena

Tú, pues, hijo mío, fortalécete en la gracia que hay en Cristo Jesús. Y lo que has oído de mí en la presencia de muchos testigos, eso encarga a hombres fieles que sean idóneos para enseñar también a otros.

—2 Timoteo 2:1-2

TODA LA IDEA DE «Haz lo que hago y no lo que digo» es tan vieja como la historia misma. Es más, el concepto de ser un maestro artesano y tener un aprendiz a tu lado ha existido desde siempre.

Nuestras Biblias incluyen muchos ejemplos de esto, empezando con Moisés y Aarón, y después con Jetro, el suegro de Moisés, que se puso a orientarlo. (Hablaremos sobre esto más adelante). Después, Moisés se dedicó a su propio aprendiz, Josué.

También tenemos al sacerdote Elí que aceptó al joven Samuel en el templo, no solo para *enseñarle* la ley y cómo sería la vida como clérigo profesional, sino también para *mostrarle*.

En el Nuevo Testamento, leemos que Jesús fue el mentor de doce apóstoles. En el Libro de Hechos, también vemos hombres como Ananías, que toman el rol de maestros artesanos con otros como Pablo, el cual a su vez fue el mentor de muchos, incluidos Tito y Timoteo. Imitando a su mentor, Timoteo transmitió su sabiduría a muchos otros.

Formar a otros. Es algo muy importante.

Aunque ya he escrito sobre esto en otros libros, no puedo dejar pasar la oportunidad de expresar mi más profunda gratitud por un contratista de la construcción, el finado Richard Whitmer, el cual me permitió ser un aprendiz. «Dick» no tenía empleados a tiempo completo además de él, así que cuando me uní a él durante los veranos después de graduarme de la escuela secundaria y en años donde no asistía a la universidad, era su único compañero de trabajo.

Dick Whitmer no era como otros hombres que conozco que se dedican a la construcción. Su vocabulario era pulido y limpio. Amaba la Biblia, le gustaba la literatura seria y los viejos himnos. En un gremio donde suele alcanzar con un «bastante bien», él era un perfeccionista. Trabajar con él fue mucho más que ladrillo y cemento, levantar paredes «hechas y derechas» o sacar cables eléctricos. Fue una educación sobre cómo es un hombre de Dios.

El hijo de Richard, Jim, fue compañero mío en la escuela desde cuarto grado hasta terminar la secundaria. Fuimos amigos durante 60 años. En 2020, Jim terminó su recta final después de una batalla larga y valiente contra el cáncer.

En mi último año de la escuela secundaria, estaba trabajando para un prestigioso fotógrafo de retratos en Wheaton, revelando películas en tanques llenos de un líquido venenoso e imprimiendo fotografías de alta calidad en blanco y negro con una ampliadora en su cuarto oscuro. Pero era verano, y yo pasaba todos los días en oscuridad. Mi piel blanquecina estaba empezando a crecer moho verde, y mis uñas teñidas de químicos empezaban a parecerse a las de un fumador compulsivo. Detestaba mi trabajo.

Jim, por otro lado, trabajaba para su papá, al rayo del sol, llevando cubetas de casi 20 litros (5 galones) de mezcla para ladrillos, armando andamios, levantando tablones pesados y cavando para poner pilotes en el suelo arcilloso y reacio del norte de Illinois. Él también detestaba su trabajo.

Así que Jim habló con su jefe (su papá) y yo hablé con el fotógrafo —el indómito y renombrado Orlin Kohli, para el cual trabajaba— y accedieron a que Jim y yo cambiáramos de trabajo.

Una buena decisión. Jim se transformó en un fotógrafo profesional por el resto de su vida, así que me gusta pensar en nuestro intercambio como algo providencial. Y aunque yo terminé haciendo otras cosas en mi carrera aparte de construcción, lo que aprendí aquellos años me dio las herramientas que necesitaba (literalmente) para construir todo lo que podía: terrazas, estructuras de sótanos, baños extras, muros contenedores de piedra, chimeneas, sistemas de riego, etc. Nunca me habría animado a abordar estos proyectos si no hubiera tenido el privilegio de observar a Dick Whitmer hacer su tarea.

Entonces, volvamos a Pablo y Timoteo. Debido a mi gusto por la construcción, la imagen del maestro artesano diciéndole y mostrándole al joven aprendiz los detalles de su profesión siempre me fascinó.

Mientras escribo estas palabras, cinco jóvenes están haciendo una obra de construcción en la parte de afuera de mi casa. Durante varias semanas, me planté en la terraza (que yo mismo construí en 2016) y escuché el sonido de martillos y el chirrido de herramientas mecánicas. Si tan solo pudiera unírmeles. Pero en el calor de un verano inusualmente abrasador para Michigan y debido a las realidades de mi edad, di un paso atrás y permití que trabajaran sin mí.

Como ya dije, desde mi adolescencia, llevo este tipo de trabajo en la sangre. Para mí, construir cosas tiene algo de especial. Pero lo que más me gusta de mirar a estos jóvenes abordar un proyecto de construcción en el calor abrasador no es el sonido de sus herramientas. Es el ruido de sus voces cuando gritan dimensiones y tareas, y debaten opciones. Y las risas. Muchas risas. Me fascina cómo los hombres mayores instruyen a los más jóvenes con su trabajo y sus palabras. Mayormente, con su trabajo.

En realidad, esta es una imagen de una de tus tareas más importantes para la recta final. Tu privilegio, en realidad. Y el mío. Me refiero a la tarea de formar a otros. Y nuestro amigo, el apóstol Pablo, sabía mucho sobre esto. Aquí tienes algunas de sus palabras a su aprendiz, Timoteo:

> Tú, pues, hijo mío, fortalécete en la gracia que hay en Cristo Jesús. Y lo que has oído de mí en la presencia de muchos testigos, eso encarga a hombres fieles que sean idóneos para enseñar también a otros.
>
> Sufre penalidades conmigo, como buen soldado de Cristo Jesús. Ningún soldado en servicio activo se enreda en los negocios de la vida diaria, a fin de poder agradar al que lo reclutó como soldado. Y también el que compite como atleta, no gana el premio si no compite de acuerdo con las reglas. (2 Tim. 2:1-5)

¿No es excelente? No es suficiente con respaldar lo que decimos con lo que hacemos solamente por nuestro bien, porque la vida no se trata solo de nosotros. Pablo le dijo a su protegido Timoteo que transmitiera la sabiduría que viene de aprender y de experiencias de la vida real, que la pasara a «hombres fieles» que pudieran ver cómo los formaba y a su vez pudieran formar a otros más adelante.

No es suficiente con respaldar lo que decimos con lo que hacemos solamente por nuestro bien, porque la vida no se trata solo de nosotros.

Así que aquí estamos, tú y yo. Como describió Pablo, estamos corriendo una carrera; una carrera que tiene muchas vueltas a lo largo de nuestra vida, y después, la recta final. Pero en esta última vuelta alrededor de la pista, tenemos que estar pendientes de algo más aparte de nuestros dolores y achaques. Debemos considerar cómo transformar nuestras habilidades acumuladas y heridas de batalla en algo de verdadero valor para los corredores que vienen detrás de nosotros.

Una confesión plena

Ahora, antes de que te cuente algunas historias sobre hacer cosas yo mismo frente a traer a otros para que me acompañen, permíteme dejar algo en claro. ¿Listo?

En todos los casos, preferiría hacer las cosas solo. Esto puede tener que ver con el orgullo. Podría tratarse de mi deseo de poder informarle a los que admiren el trabajo finalizado que lo hice por mi cuenta. O podría ser la mera incomodidad de tener que conversar mientras trabajo o la necesidad de perder tiempo mientras nos detenemos a almorzar. Prefiero la intensidad de trabajar sin parar, sin preguntarme si mi compañero de trabajo tiene hambre.

Así que esta idea de formar a otro, de llevar a un aprendiz junto a mí, nunca fue mi primera opción. La molestia de tener que explicar todo lo que estoy haciendo, en lugar de simplemente hacerlo, es inconfundible.

Pero en la vida real, cuando compartir la carga de trabajo con otros en realidad hace que todo sea mejor, he descubierto que invitar a hombres más jóvenes y con menos experiencia hace que la tarea sea más divertida y expande en forma exponencial mi capacidad de terminar el trabajo.

En 2016, como ya dije, expandí la plataforma detrás de la casa de Nancy de 45 m^2 a 90 m^2 (500 a 1000 pies cuadrados). Me llevó unos 60 días de principio a fin. Mientras reforzaba toda la estructura, mandé a hacer una placa de bronce y la coloqué justo afuera de la puerta que llevaba de la cocina a la plataforma de madera. Esta placa celebra a cada uno de los hombres —y una adolescente, la hija de uno de los hombres que aparece en la placa— que me ayudaron con la labor. Y cada vez —en serio, cada vez— que uno de estos ayudantes visita la casa con un amigo, le muestra la placa con su nombre grabado. Esto me pone muy feliz.

El gozo de formar a otros.

Dos jovencitos brillantes y una barreta

Aunque llevo el emprendimiento en mi ADN, no se me ocurrió probar desde temprano tener mi propio negocio. Sentía que seguramente era demasiado joven, y sin duda, demasiado pobre.

Pero en 1987, junto con un joven llamado Michel Hyatt, que había trabajado para mí durante varios años —primero en Waco, Texas, y luego en Nashville, Tennessee—, abrimos nuestro negocio.

Once años más tarde, nuestra empresa había pasado de una empresa editorial a una compañía de servicios, una agencia que ayudaba a los autores a encontrar una editorial para sus libros. Seis años más tarde, Mike decidió que su futuro estaba en el mundo editorial tradicional, así que compré su parte del negocio y emprendí por mi cuenta.

Durante los próximos siete años, fui el cocinero principal y el lavaplatos para la agencia, hasta que se volvió demasiado para mí. Y para encontrar una estrategia para resolver mi problema de estar siempre abrumado, contraté a dos jóvenes: los hijos de mi hermano menor, Dan.

Andrew tenía 23 años, y acababa de terminar una pasantía de dos años en General Electric. Erik tenía 21 y acababa de graduarse de la universidad. Estos hombres no sabían *nada* de mi negocio o de la industria editorial a la que servía, pero cuando los invité, se sumaron.

Su primer día fue inolvidable, para los tres. Sin embargo, resultó ser que desde allí y hasta la publicación de este libro, tuvimos muchos días más juntos. Casi 16 años de días inolvidables.

Pero todo empezó con lo mínimo e indispensable. Mi oficina estaba en mi casa y ocupaba una habitación vacía en la planta alta. Junto a esta habitación, había otra de huéspedes. Esta se transformaría en la oficina de Andrew y Erik.

Antes de que empezaran su primer día, tuvimos una charla. No, en realidad, yo hablé. Vinieron a mi oficina y se sentaron en un par de sillas tapizadas auxiliares. Les recordé que no estaban reemplazando a nadie. No había empleados anteriores de los cuales pudieran reconstruir sus tareas. Lo único que tenían era a mí, y estaba completamente sobrepasado; por eso estaban ahí. «Esto va a funcionar así», dije. «Yo estoy muy ocupado llevando adelante esta operación por mi cuenta. Ustedes no tienen experiencia en el negocio editorial, pero creo que son rápidos para aprender y enseguida tomarán el ritmo». Sonrieron nerviosamente, asintieron con la cabeza, pero sin hablar.

Yo seguí. «Quiero que presten mucha atención a lo que hago. Si tienen preguntas, me las hacen. Si ven que estoy haciendo algo que creen que podrían hacer, tomen esta barreta imaginaria —la levanté como si la tuviera— y úsenla para sacarme la tarea de mis manos frías y muertas. Entonces, anímense a hacer esa tarea por su cuenta». «Ah, una cosa más», añadí. «Nos encontraremos todas las mañanas a las 8:20 para hablar del día anterior y del que tenemos por delante.»

Había empezado a formarlos.

No había ninguna estructura. Ninguna introducción en Power-Point, ni para el negocio ni para lo que *yo* haría. Tan solo dos jovencitos que miraban, escuchaban, hacían preguntas e imitaban.

Y como yo sabía que estaban mirando y escuchando, descubrí que yo también prestaba más atención —*mucha* más atención— a lo que estaba haciendo. Esa es la belleza de formar a otros: trabajar en lo que haces con más cuidado, sabiendo que están grabando cada uno de tus movimientos.

Así que, el trabajo que hice junto a Erik y Andrew ha sido una experiencia de ser mentor en el día a día y movimiento a movimiento. Y, como dije, hubo otras oportunidades en mi vida para experimentar esto de formar a otros. Es más, así fue como me formaron a mí.

Algunos ejemplos.

En 2007, colaboré en un manuscrito con el que era el presidente de Walt Disney en Orlando. Al observar y grabar lo que él hacía, aprendí a ser bondadoso con los subordinados y el poder de la humildad. Aprendí, por ejemplo, el beneficio de permitir que empleados mucho más jóvenes e inexpertos llamaran al jefe por su nombre de pila y de demostrar una paciencia admirable. Me gustó esto.

Años antes, aprendí a leer una hoja de cálculo y una declaración de ingresos de un hombre que, al igual que yo, no había estudiado nada relacionado con las finanzas pero que, a través de la experiencia, se volvió más que brillante en su tarea. Me mostró cómo leer las cifras e interpretar lo que significaban. Tal vez hubo momentos de impaciencia e incluso frustración ante el paso lento de mi aprendizaje, pero los dos persistimos. Al final, esto me ayudó a mejorar.

En los espacios espirituales, aprendí la consecuencia de una doctrina bíblica sólida de mi pastor hace 50 años, el cual no solo conocía a cada miembro de mi familia por nombre, sino que también me animaba a buscar la clase de teología que yo tendría que haber sabido antes pero no sabía. (Y decidió no avergonzarme por esto).

Debido a la naturaleza de mi empresa, he tenido el privilegio de observar y escuchar a hombres que estaban muchas vueltas más adelante que yo en el liderazgo y en sabiduría. Hombres que me permitieron acompañarlos y hacer preguntas. Su trabajo habría sido mucho más sencillo sin este jovencito espigando atrás y haciendo miles de preguntas, pero me permitieron quedarme y mirar. Se interesaron lo suficiente como para transmitir su sabiduría.

Más recientemente, el ánimo incesante de un hombre diez años mayor que yo que está avanzado en su recta final significó más para mí de lo que podría haber imaginado, mediante mensajes de texto y llamadas por teléfono espontáneos. Me recuerda otra vez las palabras de Pablo a Timoteo que resumen esto de ser mentor de una manera tan hermosa, tanto es así que no me molesta repetirlas:

> Y lo que has oído de mí en la presencia de muchos testigos, eso encarga a hombres fieles que sean idóneos para enseñar también a otros. (2 Tim. 2:2)

Pablo está pintando una imagen de tres generaciones que pasaría la prueba del tiempo. Tú (primera generación) formas a hombres (segunda generación) que a su vez enseñarán a otros (tercera generación). Y así sigue, y el alcance es mucho mayor de lo que podrías haber logrado por tu cuenta.

Por favor, llámenme «Ken»

Un buen amigo mío, un hombre especial que también es mi hermano mayor, ha establecido un nivel de excelencia como mentor de jovencitos. He seguido su ministerio por muchos años. Como aquellos sobre los cuales leemos en las Escrituras, él abrazó la idea de transmitir vida, sabiduría y fe a los hombres más jóvenes.

Cuando le pregunté a Ken cómo lo hace, su respuesta no fue nada del otro mundo. «Es algo puramente orgánico», me dijo.

«Invito a algún joven a tomar un helado —¿y qué jovencito en su sano juicio diría que no?— y empezamos a conocernos».

Los jóvenes que Ken ha formado son hijos de amigos o jóvenes que conoce en la iglesia. Uno de los discípulos de Ken empezó cuando estaba en sexto grado, y ahora ya es adulto y está casado. Otros empezaron cuando eran estudiantes en la universidad y él trabajaba en la oficina de desarrollo profesional en su *alma mater*. Cuando hablé con Ken sobre los hombres que está formando actualmente, recitó sus nombres: Sam, Zach, Ben, Andrew y otro Sam.

Y, según Ken, no hay un solo modelo que sirva para todos. ¿Por qué? Porque cada hombre que se reúne con él tiene su propia situación, su propia historia. Y, permíteme decirte, Ken conoce sus historias.

«No es para tanto», me dijo Ken. «Para formar a los jóvenes, tan solo hace falta la decisión de hacerlo. Y después, una decisión de ser constante. Parece mucho tiempo y trabajo —añadió—, pero rápidamente, al construir amistades con hombres más jóvenes y observar cómo crecen se transforma en una recompensa en sí mismo».

Se le quebró la voz al decir esto.

La esencia de una reunión con un jovencito es algo que se puede planear. Él y Ken pueden estar haciendo un estudio bíblico o leyendo un libro juntos. O también puede ser algo completamente desestructurado. Depende de lo que el joven necesite en ese momento, y Ken está comprometido con ser flexible, y no con los rigores y las restricciones que puede traer una estructura. En algunas de nuestras primeras conversaciones sobre la recta final, le hice a Ken la misma pregunta que les hice a otros, y ya compartí

algunas respuestas contigo. Le pregunté cuándo se había empezado a sentir viejo. Pude «ver» que sonreía, aunque estábamos
hablando por teléfono. «Formar a otros ha evitado que me sienta
viejo», me confesó.

Pocos días después de nuestra conversación por teléfono, Ken
me envió un mensaje de texto, respondiendo otras preguntas sobre
si, a su edad, alguna vez se sentía solo o inútil. «Para responder
una de tus preguntas —escribió Ken—, nunca me he sentido
inútil. Que tengas un día excelente, Robert».

Ahí está. Nada de adornos, la cruda verdad. Yo quiero un
poco de eso.

Los límites de mandato para los sacerdotes del Antiguo Testamento

Hay una ley poco conocida en el Libro de Números, en el Antiguo
Testamento (8:24-26), que requería que los sacerdotes colgaran
sus vestiduras a los 50 años. Siempre supuse que esto se debía
al rigor de sus tareas, que incluían mover físicamente y sacrificar
vacas, ovejas y cabras. Piensa en la última vez que viste un video
de un *cowboy* luchando con uno de estos animales hasta que lo
domina, a pesar de los intentos del animal de escapar.

Así que la ley decía que estos sacerdotes debían retirarse del
servicio activo cuando celebraran las cinco décadas.

Entonces, ¿qué hacían estos sacerdotes con su tiempo? No
es ninguna sorpresa que la Escritura anuncie: «pueden ayudar a
sus hermanos en la tienda de reunión a cumplir sus obligaciones,
pero no a ejercer el ministerio» (Núm. 8:26).

Ahí está... instrucciones a sacerdotes veteranos después de cumplir los 50 a dejar sus vestiduras y sus hachas de carnicero y ocuparse de los hombres —la Biblia los llama «hermanos»— en sus lugares de adoración.

Este rol de mentor no es nada nuevo.

El día que dije que no

Hace muchos años, recibí un correo electrónico de un joven que había conocido en la iglesia. Él y su familia se sentaban cerca de nosotros cada domingo, y me gustaba mirar cómo animaba a sus hijos a encontrar el himno de la mañana en el libro y a seguir la lectura en sus Biblias. Siempre nos saludábamos después del servicio.

Un día, Chris me envió un pedido por correo electrónico: «Me encantaría que fueras mi mentor —escribió—. Siempre me ha gustado lo que enseñas en la escuela dominical y sentarnos cerca de ti y tu esposa durante la alabanza. He seguido tu carrera y tu vida, y quisiera poder aprender de ti».

En esa época, trabajaba día y noche para edificar mi negocio. Con la oficina en mi casa, no descansaba nunca y no creía que tuviera tiempo para pasar con Chris. (La ventaja de trabajar desde tu casa es que tu espacio de trabajo siempre queda cerca. La desventaja es que tu espacio de trabajo siempre queda cerca. Al poco tiempo, descubres que estás viviendo en la oficina).

Pocos años después, Chris y su familia se mudaron a otro estado. Desde entonces, no nos vimos, ni me mantuve en contacto con él. Pero puedo decirte esto: Lamento profundamente haber rechazado la oportunidad de hablar a su vida y de aprender de él. Es una oportunidad perdida que quisiera poder enmendar.

Este fracaso de mi parte se materializó en una imagen mental gráfica mientras almorzaba unos años después de que Chris se mudó. Estaba reunido con un joven pastor. Era una estrella en alza, y él y su esposa habían plantado valientemente una iglesia en la región central de Estados Unidos. «Me llevaron en helicóptero a una ciudad que nunca antes había visitado» me dijo, antes de contarme sobre los temores y los peligros de ser llamado a esa tarea. En un momento, hizo una pausa entre historia e historia. Era como si estuviera dudando de contarme un relato doloroso. Decidió animarse y contarme.

Me habló de sus esfuerzos por acercarse a un pastor veterano, un hombre al cual mi esposa y yo conocíamos muy bien. «Tan solo quería pasar algo de tiempo con él y hacerle unas preguntas. Incluso esperaba recibir un poco de ánimo de parte de este veterano al que tanto admiraba». El labio de mi amigo empezó a temblar y se le llenaron los ojos de lágrimas cuando me habló de sus repetidos intentos de llegar a este hombre mayor y establecer alguna clase de relación con él, todo en vano. «Hasta su asistente dejó de atender mis llamadas». Me dijo que había anhelado el consejo sabio pero no lo había recibido. Recuerdos y reproches me inundaron la mente respecto a cuando Chris me preguntó si podía guiarlo. Declarado culpable.

Varios años después, me llegó la noticia de que a mi joven amigo pastor, el que me había contado aquella historia personal, lo habían despedido de su iglesia por razones morales. Le envié un mensaje de texto y le prometí orar por él mientras atravesaba el duro proceso de arrepentimiento y restauración. Me agradeció por mis oraciones. Un trabajo duro, si alguna vez lo hiciste.

Mientras escribo estas palabras, estoy más triste de lo que podrías imaginar. Hace dos meses, este amigo mío se quitó la vida. Cuando me enteré, rompí en llanto, especialmente cuando su esposa publicó una foto de su hijo de diez años con su papá. Mis lágrimas brotaban de oportunidades perdidas… oportunidades que he tenido de brindarme a hombres más jóvenes, pero que debido a distintas circunstancias, a menudo pasé por alto. Todo porque estaba demasiado ocupado.

Tú y yo tenemos la oportunidad y el tiempo ahora de volcar nuestra vida en la de hombres más jóvenes. Si estamos prestando atención, estas oportunidades se presentan todo el tiempo. Nada del otro mundo. Nada que consuma demasiado tiempo. Siempre vale la pena.

Como me dijo Ken, formar a otros es un regalo que te haces a ti mismo. Cada vez.

Jetro, el mentor de talla mundial

En el libro de Éxodo, en el Antiguo Testamento, conocemos a un hombre que he admirado muchos años. Es uno de mis relatos favoritos sobre cómo guiar y capacitar a otros, entre un hombre y su suegro. (La primera vez que hablé de esta historia fue en un libro que escribí a los hombres que tienen hijas casadas[1]).

Tal vez conozcas el relato de Moisés, el cual, después de casarse con una mujer llamada Séfora, se puso a trabajar en el negocio familiar, cuidando ovejas. Durante 40 años, vivió empleado por su suegro, criando los nietos de Jetro.

¿Recuerdas cuánta experiencia tenía Moisés en el fino arte de pastorear? Te ayudaré dándote una pista.

Cero.

Moisés era un chico de ciudad. Egipto había sido su hogar. Había vivido toda su vida en un palacio. Nada de cultivar la tierra. Nada de cuidar ganado. Nada de uñas sucias ni bosta que esparcir.[2] Esto significa que Jetro tuvo que llevar de la mano a Moisés y mostrarle cómo cuidar las ovejas, qué instrumentos usar para repeler a los depredadores y cuidar a su rebaño del temor y la ansiedad. Tal vez haya incluido un par de lecciones sobre cómo ayudar a una oveja a parir un corderito. Imagina lo maravilloso que debe haber sido esto para Moisés. Formación práctica.

Un día, Moisés volvió del campo y les contó a Séfora y a su familia una historia disparatada de una zarza ardiendo que había visto, y que, a pesar de estar encendida, no se consumía nunca, sino que seguía ardiendo. Moisés intentaba ver a través del humo de la zarza ardiente, pero no podía creer lo que veían sus ojos irritados. La zarza se negaba a consumirse. El relato habría sido lo suficientemente fantástico sin que Moisés informara también sobre una voz audible que había salido directamente del arbusto en llamas y le había hablado. Y para añadirle un giro aún más escandaloso, la voz se había identificado como el Dios de Abraham, Isaac y Jacob.

Seguramente, Moisés estaba sin aliento mientras relataba la conversación divina a su esposa y sus suegros. Pero el signo de exclamación para rematar esta historia fue la noticia de lo que había dicho la voz, al ordenarle que empacara todo y se mudara de regreso a Egipto con su familia. La tarea incluía pararse en la corte del hombre más poderoso del mundo conocido y exigir que liberara a casi dos millones de hebreos que habitaban Egipto, un número que incluía más de 600 000 obreros de más de 20 años. Conceder este pedido aniquilaría la economía egipcia, y Moisés lo sabía.

Si hubieras sido Jetro, y tu yerno te contara esta historia sin ninguna prueba para verificar su veracidad, ¿qué te habrías visto tentado a hacer?

Yo también.

Sin embargo, ¿qué hizo este suegro?

Permíteme mostrarte exactamente lo que sucedió, registrado en el libro de Éxodo. De lo contrario, tal vez no lo creas.

> Moisés se fue y volvió a casa de su suegro Jetro, y le dijo: Te ruego que me dejes ir para volver a mis hermanos que están en Egipto [...]. Y Jetro dijo a Moisés: Ve en paz. (Ex. 4:18)

Yo tampoco lo habría creído, pero está ahí, registrado. A Jetro no se le pusieron los pelos de punta ni le concedió con renuencia permiso a su yerno salvaje para renunciar a su trabajo y mudarse lejos con su hija y sus nietos. Tampoco se quejó por tener que encontrar un reemplazo, lo cual quizás significaba un problema económico, y por no poder ver a sus nietos por un largo tiempo. Jetro no hizo que Moisés se sintiera culpable. No, estaba seguro de que sus años de ser el mentor de su yerno habían dado su fruto. Jetro le dijo a Moisés que fuera obediente a la voz de Dios. Que fuera. Incluso le dio su bendición con las palabras: «Ve en paz».

Vaya.

Ahora bien, no sabemos exactamente cuántos años pasaron antes de que Moisés volviera a ver a su mentor, Jetro, pero hay otro encuentro notable registrado entre estos dos hombres. Tal como Dios le había indicado, y luego de la bendición de Jetro, Moisés se fue de Madián y llevó consigo a su esposa y sus hijos a Egipto. Entonces, después de una secuencia de eventos que incluyen algunos de los acontecimientos más increíbles de la historia bíblica —diez plagas para terminar obligando al faraón a liberar a los hebreos; un escape a través del lecho seco del Mar Rojo; la muerte de todo el ejército egipcio— Moisés se encontró en el desierto, entre la esclavitud en Egipto y el destino en Canaán (la tierra prometida), y el cumplimiento de la promesa que Dios le había hecho.

Aunque los detalles son escasos, parece ser que, poco después de la experiencia con el Mar Rojo y cuando los israelitas se habían establecido en el desierto, Séfora y sus dos hijos volvieron a Madián y a su padre, Jetro. Pero con el tiempo, probablemente porque esta hija y estos nietos extrañaban a su esposo y padre, Jetro viajó para hacer una visita, con la familia de Moisés a cuesta.

Me imagino este reencuentro, y casi me quita el aliento.

Moisés acababa de terminar otro día difícil de pastorear a los israelitas. Tal vez estaba sentado solo, contemplando el horizonte y anhelando la calidez del toque de su esposa, el abrazo y el alboroto de sus muchachos, la sabiduría y la amistad de su suegro. Y mientras miraba, tal vez sin concentrarse en nada en particular, divisó algo. A alguien. *Cuatro* personas, en realidad, que se acercaban a él en medio de oleadas de calor que se elevaban desde la arena, distorsionando la visión.

¿Podría ser cierto?, seguramente se preguntó Moisés. *¿Cómo podía ser?*

Pero no solo era posible. Era una realidad.

Las imágenes que caminaban hacia él eran su esposa, sus hijos y Jetro.

Aquí tienes el relato, tal como lo encontramos en la Escritura. Es una historia sumamente dulce. Como esposo, padre y abuelo que ha pasado mucho tiempo en viajes de negocios, separado de su familia, esta historia me encanta.

Salió Moisés a recibir a su suegro, se inclinó y lo besó; y se preguntaron uno a otro cómo estaban, y entraron en la tienda. Y Moisés contó a su suegro todo lo que el Señor había hecho a Faraón y a los egipcios por amor a Israel, todas las dificultades que les habían sobrevenido en el camino y cómo los había librado el Señor. (Ex. 18:7-8)

¿Y qué respondió el suegro y mentor de Moisés a esta noticia maravillosa? Puedes adivinar.

Y se alegró Jetro de todo el bien que el Señor había hecho a Israel, al librarlo de la mano de los egipcios. Entonces Jetro dijo: Bendito sea el Señor que os libró de la mano de los egipcios y de la mano de Faraón, y que libró al pueblo del poder de los egipcios. Ahora sé que el Señor es más grande que todos los dioses; ciertamente, esto se probó cuando trataron al pueblo con arrogancia. (Ex. 18:9-11)

¿No te encanta Jetro?

El día después de reunirse con su familia, Moisés volvió a trabajar. Y seguramente era el día de llevar a tu suegro al trabajo, porque Jetro estaba con él. Estuvo todo el día. Observó mientras el pueblo se reunía alrededor de Moisés y le llevaba sus problemas, altercados, inquietudes y aflicciones, para los cuales él intentaba dar consejo. A todos. Por su cuenta.

Debido a la relación que Jetro tenía con Moisés, forjada durante esos 40 años juntos en Madián, Jetro sintió que podía hablar con su protegido al terminar el día. Y vaya que le dijo algo muy cierto:

> Y el suegro de Moisés le dijo: No está bien lo que haces. Con seguridad desfallecerás tú, y también este pueblo que está contigo, porque el trabajo es demasiado pesado para ti; no puedes hacerlo tú solo. Ahora, escúchame; yo te aconsejaré, y Dios estará contigo. (Ex. 18:17-19)

¿Y qué le sugirió Jetro a Moisés? Puedes leerlo por tu cuenta,[3] pero en resumen, lo animó a hacer exactamente lo que él mismo había hecho por él años atrás. Encontrar «hombres capaces, temerosos de Dios, hombres veraces» para formar. La mejor frase de la historia se encuentra en el versículo 24: «Moisés escuchó a su suegro [su mentor], e hizo todo lo que él había dicho».

Si buscaras en Google: «héroe olvidado del Antiguo Testamento», tendría que aparecer una foto de Jetro en la pantalla. Dios dirigió a Jetro a usar la influencia que tenía por su relación con Moisés, el cual a su vez podría guiar a millones de judíos hasta el final de su odisea en el desierto.

Es lo que logra un mentor, lo cual te hace preguntarte por qué vemos tan poco de esto. Los que están en su recta final saben que tienen la tarea de inspirar vida en otros, no importa cuán anticuado suene esto.

Los que están en su recta final saben que tienen la tarea de inspirar vida en otros, no importa cuán anticuado suene esto.

«Ken»... la repetición

¿Recuerdas la historia de mi hermano Ken? Ser el mentor de otros ha sido algo tan sencillo para él como vivir junto a hombres más jóvenes. La magia fue la sencilla decisión de hacerlo.

En una conversación con otro hombre, un colega escritor[4] y amigo cercano hace más de 40 años, le pedí que me contara sobre los hombres que habían sido sus mentores. Me concedió dos relatos maravillosos y bien distintos.

Primero, estaba el director general de la empresa para la cual trabajaba. Era un hombre que podía cautivar a grandes audiencias con mensajes larguísimos, pero podía ser torpe en las interacciones de uno a uno. Así que, de vez en cuando, este hombre se acercaba a mi amigo con la siguiente invitación: «Oye, ¿me acompañarías a lavar el auto?».

Eso sí que no es nada elegante. Tan solo cosas de la vida. Mi amigo me dijo que mientras esperaban que el auto pasara por los cepillos y la espuma, conversaban. El director general era demasiado vergonzoso como para sentarse frente a frente en una mesa a almorzar, pero mirar cómo le quitaban la suciedad al auto era el ámbito que necesitaba para abrir su corazón y hablar de lo que más le importaba. Después, estuvo su jefe directo. Un hombre cuya reputación como editor era legendaria. Cuando mi amigo le enviaba un artículo para publicar, su respuesta solía ser: «Parece que esto está un 80 % listo». Después, tenía su manera de marcar el manuscrito. «Sin embargo —dijo mi amigo—, este mentor nunca usaba una lapicera roja. Siempre usaba un lápiz».

¿No te parece genial?

No me malinterpretes. Ser un buen mentor nunca significa que no vayas a intervenir, cuando sea apropiado, para corregir a tu joven protegido. Pero la metáfora de usar un lápiz en lugar de una lapicera roja es fantástica, ¿no? ¿No preferiríamos el «sonido gentil» de un lápiz antes que el «chirrido enojado» de un marcador rojo indeleble? Antes de terminar este capítulo de gran importancia, quiero que sepas algo muy importante. La respuesta de un joven a tu invitación de formarlo tal vez no siempre sea la que esperabas. Habrá veces en las que llegues a la caja del bateador con toda la esperanza, y salgas sintiéndote miserable y avergonzado después de ponchar o, peor aún, de que te salga el tiro para cualquier lado.

Hace aproximadamente un año, contratamos a un joven y a su colega para que podaran los árboles en nuestra propiedad. El trabajo que hicieron fue absolutamente transformador. Siempre sufrí de acrofobia, así que mirar cómo este joven se trepaba a lo alto de los árboles con la sierra eléctrica colgando de su cinturón para mí era épico.

Tuve algunos lindos momentos de conversación con «Randy». Le regalé un libro y oré con él más de una vez. Le prediqué el evangelio y le hablé del amor redentor de Jesús. Sentí que había una conexión real. Parecía que me estaba escuchando de verdad. Entonces, Randy desapareció. Casi había terminado su tarea. Casi. Así que le envié un mensaje de texto, con la esperanza de que volviera, no solo para terminar lo que quedaba por hacer, sino para seguir con lo que pensé que habíamos comenzado en lo personal y espiritual. Me respondió de inmediato, lo cual fue alentador. Pero nunca volvió. Cada vez que veo el trabajo maravilloso que hizo con nuestros árboles, recuerdo volver a tratar de hacer contacto. Suenan los grillos. La última vez que le envié un mensaje de texto, bromeé preguntándole si seguía vivo. No hubo respuesta.

La historia de Randy y otras que podría contarte es realmente la historia de mi compromiso con la obediencia, en lugar de vivir con el provecho de un buen resultado. Esa parte no depende de mí. Claramente, está en las manos del Señor. Así que, cuando veo mis árboles podados, le pido al Señor que proteja a Randy. Y que acerque a este joven a los brazos familiares del Salvador.

«Ay»

Hace varios capítulos, celebré la realidad de que he gozado de buena salud estos últimos 70 años. Hay días que quisiera no haber escrito ese capítulo, porque mientras compongo las frases y los párrafos de esta segunda mitad del manuscrito, me encuentro recibiendo un pinchazo tras otro. Análisis de sangre. Transfusiones. Diagnósticos de cáncer. Tal vez sí o tal vez no. Un sarpullido severo en toda la espalda. Mareos y falta de aire. *¿Qué me sucede?* Lo he dicho varios cientos de veces desde que empecé a trabajar en este libro.

Como mencioné antes, siempre imaginé terminar mi recta final a toda velocidad. Ahora, me doy cuenta de que tal vez ese no sea mi destino. Es más, lo más probable es que corra esta recta cojeando. De eso quiero hablar a continuación.

Oración para la recta final

Querido Padre del cielo, gracias por el privilegio de ser tu embajador a la próxima generación. Qué honor es no solo decirles sino también mostrarles a hombres más jóvenes lo que significa caminar contigo, descargar con transparencia mi vida en la experiencia de hombres que vienen más atrás, que están observando y escuchando y creyendo lo que tengo para decir. Mi oración es que me des un amor por estos hombres más jóvenes, un deseo de vivir en forma auténtica y transparente, y de honrarte en el proceso. Gracias por aquellos que han ido antes que yo y me han mostrado el camino... en especial, por tu Hijo Jesucristo, en cuyo nombre oro. Amén.

CAPÍTULO 9

Correr con dificultad

Y [el Señor] me ha dicho: Bástate mi gracia;
porque mi poder se perfecciona en la debilidad.
Por tanto, de buena gana me gloriaré más bien en
mis debilidades, para que repose sobre mí el poder
de Cristo...
—2 CORINTIOS 12:9

DURANTE MI PRIMER AÑO en el mundo editorial, la empresa editora para la cual estaba trabajando publicó un libro escrito por un veterano de la guerra de Vietnam llamado Max Cleland. Era apenas unos años mayor que yo, y su historia me golpeó ya que él fue a la guerra en la década de 1960... y yo no.

Como probablemente recuerdes, fue una época espantosa en la historia de nuestra nación. Nunca habíamos peleado una guerra más impopular. Nunca antes se impugnó y se difamó de esa manera a los militares que regresaban... incluso a algunos se los insultaba y escupía cuando los ciudadanos enojados los confrontaban en los aeropuertos.

Cleland sirvió en el ejército de Estados Unidos, y llegó al rango de capitán. Le otorgaron la medalla de plata y la medalla de bronce por acción valerosa en combate, incluida la Batalla de Khe Sanh el 4 de abril de 1968.

El 8 de abril de 1968, el capitán Cleland era el oficial de señal del segundo batallón en el duodécimo regimiento de caballería, la primera división de caballería durante la Batalla de Khe Sanh. Con un mes por delante en su turno, a Cleland le ordenaron que estableciera una estación de radio en una colina cercana. Un helicóptero los llevó a él y otros dos soldados a la cima descubierta de la colina 471, al este de Khe Sanh. Cleland sabía que algunos soldados acampaban allí para la Operación Pegaso. Le dijo al piloto que se quedaría un tiempo con sus amigos.

Cuando el helicóptero aterrizó, Cleland saltó a tierra, seguido por los dos soldados. Se agacharon para esquivar el empuje de las hélices y miraron el despegue. Cleland se agachó a levantar una granada que creía que se acababa de caer de su chaleco antibalas. La granada explotó y él salió disparado hacia atrás, y perdió las dos piernas y un brazo en la explosión. Sobrevivió de milagro, pero se vería obligado a vivir en una silla de ruedas.

Jamás olvidaré la reunión con mis colegas, liderada por nuestro editor, el finado e icónico Floyd Thatcher. Floyd nos contó sobre un libro que había adquirido y sobre el héroe que lo había escrito. Nuestra tarea era asignarle un título… una de las tareas más importantes que tiene una editorial.

Aunque no era médico, Floyd era un editor brillante y siempre se podía esperar que investigara a fondo. Esta vez, nos explicó a sus colegas y a mí que, cuando se quiebra un hueso en nuestro cuerpo, el calcio que se acumula durante el proceso de sanidad hace que el lugar sea más fuerte que antes de la ruptura. Alguien en la mesa de conferencias pidió la palabra. «¿Quieres decir que, en el proceso de sanarse, los huesos en realidad son más fuertes en los lugares rotos?».

Teníamos nuestro título.[1]

Si tú y yo tenemos que correr la recta final cojeando, descubriremos el milagro de este hecho biológico. Por supuesto, nuestra cojera tal vez no tenga que ver con el cuerpo físico. Nuestro obstáculo puede ser emocional, relacional o psicológico. Pero más allá de eso, podemos ser más fuertes *debido a* nuestro impedimento.

Esta sería una lección que debería aprender en mi propia recta final.

La segunda vuelta de cáncer

En el fin de semana de Acción de Gracias de 2019, Nancy y yo estábamos visitando a nuestras hijas y sus familias en las Carolinas. Después de una reunión especial de adoración, estábamos parados afuera de la iglesia, saludando amigos y disfrutando de la compañía mutua.

«¿Qué tienes en el lóbulo de la oreja?», me preguntó Missy, tocándome con suavidad.

«Creo que es un granito», dije con seguridad. «No es nada», añadí.[2]

En las semanas siguientes, el «granito» creció y se oscureció.

Por recomendación de un amigo médico, con el cual había conversado rápidamente después de la iglesia un domingo, fui a ver a mi médico de cabecera. Esto abrió paso a una consulta con un dermatólogo, el cual tomó un instrumento afilado y me sacó el bulto para hacer una biopsia. En menos de dos semanas, me llamaron con el diagnóstico.

«Sr. Wolgemuth, tenemos los resultados de la biopsia. Es positivo. Usted tiene cáncer. Probablemente, melanoma. Tal vez, un linfoma. Le recomiendo que se ponga en contacto con un oncólogo de inmediato».

Al día siguiente, nos íbamos para una conferencia de mujeres en México que Nancy lideraba. Yo estaba en mi estudio. Nancy estaba en la planta alta, preparándose para eventualidades con el programa, apurándose para completar los preparativos de sus mensajes y empacando sus maletas. Decidí que no tenía sentido contarle sobre el llamado hasta el día siguiente.

Mientras íbamos camino a México, tuvimos que hacer escala en Dallas.[3] Intenté encontrar el momento adecuado para mencionar la llamada telefónica del día anterior y le dije a Nancy lo que había sucedido.

Los días siguientes fueron una nebulosa de recibir a 6500 mujeres latinoamericanas, luego cancelar las vacaciones que supuestamente tendríamos a continuación, y volar a casa apenas pronunciaron la bendición del final de la conferencia. Pero no nos fuimos sin que antes Nancy les informara a las mujeres nuestra noticia, y miles de manos se levantaron en una promesa de orar por mí. Increíble, realmente.

En las semanas siguientes, fuimos en avión y condujimos unos 170 kilómetros (105 millas) a Grand Rapids para consultar a especialistas. Una doctora anunció, sin ninguna duda ni intento de ser diplomática, que tendrían que extirparme todo el lóbulo de la oreja. Nos habían dicho que su habilidad en el quirófano compensaba su tacto con el paciente. Para nosotros, estaba bien.

Me diagnosticaron melanoma en etapa II. Nancy alertó a los amigos a través de los medios sociales. Muchas respuestas amables nos vigorizaron. (Y después estuvo el amigo que me envió un mensaje que decía: «Qué lástima. Mi papá murió de melanoma». Estoy seguro de que su intención fue buena).

Durante esos meses, me encontré en un estado bastante filosófico. A decir verdad, la idea de escribir un libro surgió ahí. Les dije a mis colegas que lo más probable era que *Recta final* fuera mi último libro. No me resultó algo triste. No estaba malhumorado al respecto. Sencillamente, sentí que era así.

Para usar el lenguaje de la competencia atlética y de establecer el paso de la recta final para las generaciones que lo seguirían, Pablo había hecho un desafío anteriormente en su carta a Timoteo. Te compartí una parte en el capítulo sobre formar a otros, pero quisiera volver a sacarlo a relucir. Es la clase de afirmación que todo entrenador quisiera plagiar al enviar a sus jóvenes a terminar el juego.

Pablo escribió: «Y también el que compite como atleta, no gana el premio si no compite de acuerdo con las reglas» (2 Tim. 2:5). Y las «reglas» para este juego suelen implicar sacrificar nuestros propios deseos y expectativas sobre cómo resultará nuestra vida, aceptando la realidad de que la vida nos pone en riesgo de tener que aprender a resistir sin la presencia de algo precioso para nosotros, incluso hasta quedarnos sin energía.

Recuerda que Pablo iba cojeando en su recta final. Sufría de aquella «espina en la carne» sobre la que había estado especulando.[4] Estaba en la cárcel. Sabía muy bien que estaba corriendo la carrera con un impedimento.

Además, observa que no se estaba quejando ni lloriqueando. Es más, consideraba su impedimento un regalo para compartir con sus amigos:

Pues para mí, el vivir es Cristo y el morir es ganancia. Pero si el vivir en la carne, esto significa para mí una labor fructífera, entonces, no sé cuál escoger. (Fil. 1:21-22)

Cuando consideramos lo que acabamos de leer, a nuestra mente le cuesta absorberlo. Pablo estaba en una situación espantosa, en una cárcel romana terrible, probablemente en compañía de ratas, sin poder moverse con libertad porque estaba encadenado de manos y pies. Además, ¿te imaginas cómo habrán sido sus «comidas»?

Así que, Pablo estaba corriendo su recta final. ¿Y qué estaba haciendo? Esperaba que la manera en que trataba esta época difícil en su vida fuera una oportunidad para él —y para otros que leyeran su historia— de ver las cosas en perspectiva.

Así que, mientras los hombres más jóvenes nos miran correr nuestra recta final, cualquier ansiedad que tengan sobre envejecer debería evaporarse con tan solo mirar cómo nos va a nosotros, al ver lo que Cristo puede hacer incluso en nuestros años de envejecer y menguar. Deberían pensar: «Si él puede envejecer con tanta gracia, si puede enfrentar estos años desafiantes tan bien, yo también puedo».

Mientras los hombres más jóvenes nos miran correr nuestra recta final, cualquier ansiedad que tengan sobre envejecer debería evaporarse con tan solo mirar cómo nos va a nosotros, al ver lo que Cristo puede hacer incluso en nuestros años de envejecer y menguar.

Cáncer: el regreso

No más de un mes después de mi dura experiencia con el melanoma del cual te conté hace algunas páginas, empecé a experimentar algo de falta de aire. La sentí por primera vez mientras estaba en la elíptica. Apenas unas semanas antes, 20 o 30 minutos no me costaban para nada. Pero ahora, incluso después de dos o tres minutos, casi no podía respirar.

Mi primera reacción fue enojarme conmigo mismo. *Bueno, tuve un par de cirugías con anestesia general, ¿y qué? Puedo seguir adelante.* Sin embargo, no mejoró. No podía subir un piso de escaleras sin necesitar un descanso a mitad de camino.

Por fin, le dije a Nancy.[5]

A los pocos días, volvimos a la oficina de mi médico de cabecera para un análisis de sangre. Un par de horas más tarde, la enfermera llamó. Estábamos en el auto, así que su voz salió por los parlantes del Bluetooth.

«Vengan al hospital lo antes posible», dijo, sin perder tiempo en charlas intrascendentes. «Tiene la hemoglobina en 5.1, y esto es muy peligroso».

Pasé esa noche, y la siguiente, en el hospital. Esta breve estadía incluyó tres transfusiones de sangre, tomografía, radiografías y una biopsia de médula espinal. Escuché mencionar la palabra «leucemia». Después de semanas de pruebas y visitas al médico, me diagnosticaron linfoma no hodgkiniano. La quimioterapia y la pérdida de cabello estaban a la vuelta de la esquina.

> **Me diagnosticaron linfoma no hodgkiniano.
> La quimioterapia y la pérdida de cabello estaban
> a la vuelta de la esquina.**

Así que, mientras escribo este capítulo sobre correr mientras cojeamos, soy dolorosamente consciente de que algún editor de mi casa editora tal vez tenga que terminar este manuscrito. Quizás haya varios ejemplares del libro disponibles en la mesa del vestíbulo de mi servicio funerario. «Ah, qué interesante es que Robert estuviera trabajando en un libro sobre correr la recta final y no haya podido terminarlo», se dirán los amigos con expresiones de dolor y en voz baja.

En cambio, mi esperanza sincera es que no solo pueda vivir para ver la publicación de este libro, sino también escribir una continuación sobre la muerte y sobre prepararse para cruzar la línea de llegada.

El patriarca rengo

Si eres judío o ibas a la escuela dominical habitualmente en tu infancia, conoces la historia de Jacob. La historia fascinante de un hombre que corría con una cojera.

Tal vez recuerdes que Jacob, después de años de estar lejos, iba camino a ver a su hermano Esaú. Como Jacob había engañado seriamente a su hermano mayor dos veces y merecía su ira para nada santa, tenía toda la razón para pensar que no lo recibirían con bombos y platillos. Por lo que recordaba de la ira de Esaú de la última vez que lo había visto, había una buena oportunidad de que lo mataran, o al menos, de que lo derribaran al suelo.

La noche antes de su encuentro, Jacob tuvo un encuentro físico con un hombre.[6] Tal vez hayas escuchado a escritores y predicadores referirse a este oponente que luchó con él como un ángel. Según la Escritura, estos hombres lucharon toda la noche, pero cuando estaba por amanecer, quedó claro que nadie saldría victorioso. Así que el oponente de Jacob decidió ganar por las malas. «Cuando vio que no había prevalecido contra Jacob, lo tocó en la coyuntura del muslo, y se dislocó la coyuntura del muslo de Jacob mientras luchaba con él» (Gén. 32:25).

Duele de tan solo pensarlo, ¿no?

Lo que sucede en los próximos versículos es curioso. Una extraña pregunta viene después de la dolorosa dislocación de Jacob. El hombre le pregunta a Jacob cómo se llama, y él responde con sinceridad: «Jacob». Entonces, el hombre lo bautiza audazmente con un nuevo nombre: «Israel».

Me resulta interesante que *Jacob* significa «talón». Usamos esta palabra para referirnos a una debilidad, como el «talón de Aquiles». Jacob realmente se comportaba como un debilucho en esta etapa de su vida. Era un niño de mamá quejoso, un sinvergüenza y un engañador.

Pero un altercado con un hombre claramente más fuerte que Jacob le transformó la vida. A partir de ese momento, todo lo que tenía su nombre grabado, desde sus artículos de escritorio hasta su equipaje, tenía que cambiar. No, en serio, Dios le cambió el nombre a Jacob para que pasara el resto de su vida hablando de aquel encuentro.

«Pensé que te llamabas Jacob», le diría la gente.

«Bueno, así me llamaba. Pero permíteme contarte una historia», respondería Jacob/Israel.

Es más, la gente lo vería renguear y él tendría que responder a la pregunta: «¿Qué te pasó?».

Lo que me resulta más interesante de esta historia es que, aunque Jacob/Israel seguramente tiene que haber sentido dolor —¿alguna vez tuviste una coyuntura dislocada?—, no quiso soltar al hombre hasta que lo bendijera.

Si nos guiamos por la sabiduría convencional, pensaríamos que Jacob no lo quería soltar hasta dejarle saber lo que pensaba. Pero no, Jacob se dio cuenta de que no estaba tratando con alguien de carne y hueso aquí. Era un encuentro divino, y él lo sabía.

Así que Israel se fue de la pelea con su cadera latiendo de dolor, pero con el corazón bendecido.

En una conversación con un amigo en recta final que había perdido a su hija por cáncer, le pregunté cómo estaba cambiando su vida a medida que envejecía. Me contestó con rapidez. «Con mi hijita en el cielo, siento una extraña sensación de energía», me dijo. «Hay menos temor del hombre y un espíritu de intentar cosas nuevas. Con cada día que pasa, me doy cuenta de que no tengo nada que perder».

Imagina eso. Más audacia y osadía en su recta final a pesar de la renguera. Me gusta cómo suena eso.

No importa cuánto hayas estado luchando últimamente con tus propios temores o preguntas, tu conflicto no es en vano. Dios los conoce y tiene un plan. No tengas miedo de la cojera. No intentes esconderla. Abraza tu impedimento y avanza como hizo Israel (y mi amigo), sin inmutarse hacia delante.

Porque, sí, a medida que envejecemos, nuestro dolor probablemente aumente. La cojera es un protocolo estándar. No podemos salir de un salto de la cama como cuando éramos más jóvenes. Es más, tal vez nos sentemos al borde de la cama, tratando de ordenar nuestros pensamientos y asegurándonos de que el mareo, el dolor de espalda o la rodilla no nos hagan caernos cuando intentamos levantarnos.

No importa cuánto hayas estado luchando últimamente con tus propios temores o preguntas, tu conflicto no es en vano. Dios los conoce y tiene un plan.

Sin embargo, el verdadero problema es que esa misma sensación de algo desvencijado no se queda solo en nuestro cuerpo. Es capaz de extenderse a nuestro corazón. ¿Qué haremos con esta realidad?

Podríamos preocuparnos. Podríamos lamentarnos y quejarnos. Podríamos criticar a medio mundo e intentar que todos sean igual de miserables que nosotros. Podríamos meternos para nuestros adentros y sufrir en silencio. Podríamos preguntarnos cuánto empeorarán las cosas antes de partir.

O podríamos aceptar lo inevitable y darle gracias a nuestro Padre por bendecirnos con otra oportunidad de hablarles a otros sobre este encuentro especial con la deidad. Podríamos decidir correr como Pablo: aceptando su debilidad, su impedimento... y celebrándolo como una fortaleza.

En estos días, estoy cojeando. Tú también. A nuestra edad, es parte de la vida. Pero ahora, más que nunca antes, tenemos la inigualable oportunidad de hablar al respecto con una perspectiva piadosa, y de esto nos concentraremos en el próximo capítulo.

Oración para la recta final

Padre del cielo, gracias por ser mi dulce compañero mientras corro esta recta final. Gracias por sustentarme a cada zancada, paso, cuando arrastro los pies e incluso cuando voy gateando. Si esta recta incluye sufrimiento, sé que tengo buena compañía. Sí, hablamos de cómo el apóstol Pablo terminó con un impedimento, pero cuando considero lo que Jesús hizo en la cruz, me doy cuenta de que también terminó como un hombre que cojea. Te ruego que me des gracia para seguir Su ejemplo, y que me concedas gozo en mi corazón al considerar lo que hizo voluntariamente por mí, para que pudiera vivir en el cielo con Él para siempre. Te pido estas cosas en el incomparable nombre de Jesús. Amén.

CAPÍTULO 10

Vivir para dar a conocer a Cristo

... caiga el árbol al sur o al norte, donde cae el árbol allí se queda.

—Eclesiastés 11:3

¿TE IMAGINAS SI ALGUIEN COLOCARA este versículo del Libro de Eclesiastés, del Antiguo Testamento, en una hermosa placa o lo hiciera enmarcar para colgar en su sala de estar, la cocina o el estudio? Con una sonrisa, me imagino a los invitados a la casa pasando por allí, mirando todo lo que los dueños de casa han ido coleccionando y decidido mostrar. Y alcanzo a oír comentarios y preguntas sobre este árbol que cae en el bosque. «Qué versículo interesante para colocar en tu casa», o quizás: «¿Qué rayos significa eso?».

Robert Charles Sproul no solo fue uno de los defensores contemporáneos más respetados de teología bíblica, sino que también era un querido amigo. Escuchar a «R. C.» abrir la Palabra de Dios y predicar era una experiencia asombrosa. Con unas pocas notas, hablaba de figuras históricas y citaba de los idiomas originales, no con la intención de llamar la atención, sino tan solo de comunicar, de ayudar a la comprensión. Podía traer claridad a un texto como pocos. Y siempre era agradable. No era un predicador enojado. Lo menciono por lo siguiente. Por más asombroso que parezca, aquel versículo en la placa imaginaria (el que nadie entiende) fue el texto que Dios usó en la vida del joven R. C. para llevarlo al conocimiento salvador de Jesucristo. Y ni siquiera lo vio impreso. Sencillamente, lo escuchó mencionar.

En palabras del mismo R. C., después de escuchar ese versículo: «Vi que no me dirigía a ninguna parte, tirado en el suelo del bosque, caído. Me estaba pudriendo y desintegrándome. Esa fue la visión que tuve de mi propia alma cuando me mostraron este texto».[1] De esa conversión milagrosa, salió un hombre que muchos creen que pasará a la historia como una de las mentes teológicas más grandes de la iglesia.

Empiezo con esta historia por dos razones: (1) para destacar la manera en que los perdidos a veces se perciben, y (2) para mostrar que Dios puede y usará cualquier cosa y a cualquier persona que desee para salvar a alguien.

Lo lamento, Papá

Este capítulo empezará con una disculpa. Recuerdo un momento de mi infancia, en unas vacaciones familiares, íbamos los ocho atiborrados en nuestro auto sedán. Al rato, tuvimos que parar a cargar gasolina.

En esa época, cada vez que las llantas de un auto cruzaban una pequeña manguera negra en la entrada de la estación, salía un encargado. *Ring, ring.* Una campanilla alertaba al encargado de que había llegado un cliente. ¿Te acuerdas? Todo en la estación de servicio era, justamente, servicio, y no autoservicio. Es decir, mi papá no tenía que salir del auto. El *resto* de nosotros sí, porque teníamos que usar el baño.[2] Él nos advertía que si no volvíamos rápido, el auto se iría sin nosotros.[3] Sabíamos que lo decía en serio, así que nunca probamos nuestra suerte. Pero Papá salía del auto y se paraba al lado del encargado mientras terminaba de cargar gasolina en el auto, lo cual, por supuesto, iba seguido de una limpieza del parabrisas y un chequeo del nivel de aceite. Qué épocas aquellas.

¿Por qué, Papá? ¿Por qué no te quedabas en tu auto como hacían todos en la década del 60? Aquí está la razón: porque, como no conocía al encargado de la estación, y como probablemente nunca iba a volver a verlo, mi papá tenía compasión de él. Creía que este hombre probablemente estaba perdido y, en opinión de mi padre, estaba en la misma condición que un tronco caído que se descompone en el suelo del bosque. Creo que mi papá se acercaba a un completo extraño por amor.

«¿Vas a la iglesia?», le preguntaba al hombre. «¿Conoces al Señor?». Como podrás imaginar, las cosas podían ponerse muy incómodas, muy rápido.

Pero la confesión que hago aquí es que, en lugar de estar orgulloso de mi papá por abrirle la puerta del evangelio al corazón de este hombre, siempre me sentía avergonzado. *¿Por qué Papá no lo deja tranquilo?*, recuerdo haber pensado. *Deja que el pobre hombre cargue combustible y se ocupe de lo suyo.*

Sin embargo, a medida que me acercaba a mi propia recta final, empecé a ver lo que mi papá hacía en ese entonces con una mirada completamente nueva. Solíamos llamarle a esto «testificar».

Algunos lo llaman «compartir tu fe». No importa cómo le digas, siempre nos resultaba algo incómodo, y nos avergonzábamos de aquellos que se lo tomaban demasiado en serio. Pero tal vez esto demuestra el enemigo obstinado que es nuestro orgullo para nuestra fe. Y quizás por eso, una vez que la vida se encarga de destruir nuestro sentido pulido de decoro, podemos aprovechar la libertad de compartir nuestra fe con menos reparos. Y sencillamente... divertirnos.

A través de los años, ministerios cristianos enteros se han creado alrededor de esta idea de que sea «fácil» hablar de Jesús a otros. Hace mucho, en 1962, el Dr. D. James Kennedy inició un esfuerzo llamado «Evangelism Explosion» [Explosión evangelizadora] desde su iglesia en Fort Lauderdale. La gente se formaba en salones de clase, y después se la animaba a salir a sus comunidades y acercarse a la gente (algunos dirían que la acorralaban o la emboscaban) para contarles la buena noticia. Respecto a esta capacitación evangelizadora, el Dr. Kennedy dijo: «Así como sería imposible aprender a volar un avión sin meterse en la cabina del piloto, la evangelización se hace difícil si no se sale de los confines de un salón de clases».[4]

Pero Evangelism Explosion (EE) no fue el primer ministerio que preparó a los creyentes para salir a llevar la buena noticia de Jesús. Diez años antes, Bill y Vonette Bright fundaron Cruzada Estudiantil para Cristo (CRU). Este pequeño ministerio surgió de un deseo de consolidar el «plan de salvación» en un librito impreso con una presentación clara y que fuera fácil de entender; primero, en campus universitarios, y después, en todos lados. Como resultado, «Las cuatro leyes espirituales» se publicó y distribuyó de a millones y millones por todo el mundo, y se tradujo a decenas de idiomas. Al igual que EE, CRU hacía que «compartir tu fe» fuera fácil. Este era el enfoque de mi papá: entrar con audacia al espacio de un completo extraño y preguntarle sobre cuestiones espirituales. Y como dije varias páginas antes, recuerdo sentirme avergonzado por eso. También confieso que ministerios como EE y CRU generaron la misma clase de sentimientos en mí. «Es como coleccionar cueros cabelludos», susurraba, y a veces hasta lo decía en voz alta.

Al otro lado del espectro de la evangelización, había un ministerio llamado «Young Life» [Vida joven]. Incluso antes de EE y CRU, el fundador de Young Life, Jim Rayburn, acuñó una frase que resumía su enfoque sobre la evangelización. Lo llamaba «ganarse el derecho de ser escuchado». En otras palabras, antes de hablarle a alguien de tu amor por Jesús y animarlo a «invitarlo a tu corazón», deberías establecer una relación de amor y confianza con esa persona. En lugar de aparecer de la nada o de acorralar a alguien con un testimonio personal y una invitación, los cristianos deberían tomarse el tiempo de construir una amistad. Un puente. Después, una vez que se establecía la confianza, el creyente podía hablarle a su amigo sobre el Señor. Creo que, para mí, eso tenía más sentido, pero todavía me parecía una treta y algo manipulador, empezar una relación con alguien por la siniestra razón de lograr un objetivo.

Y esto es lo que quiero decir. Lamento todo lo que sentí respecto a estos enfoques.

Si de alguna manera pudiera reunir a Jim Rayburn, D. James Kennedy, Bill y Vonette Bright y a mi papá en la misma habitación, les pediría perdón. A todos. ¿Por qué? Porque, cada uno a su manera, tenían toda la razón. Y yo, en mi propia manera vergonzosa, estaba peligrosamente equivocado.

Al acercarme a mi recta final y ahora que estoy avanzado en ella, he visto cómo ambos enfoques dieron fruto en mi vida. He descubierto el gozo de hablarles a completos extraños de mi amor por Cristo… incluso terminé orando con el muchacho del servicio de alquiler de autos en el aeropuerto. Y también he visto cómo construir una relación con un incrédulo puede ser un puente para hablarle de mi amor por el Señor, lo cual también es totalmente apropiado. Nada de esto sucedió como resultado de alguna clase de experiencia relámpago que me condujo en esa dirección. Parece haber ido dándose de forma gradual. Fue algo que adquirí mientras corría mi recta final. Y ha sido un descubrimiento hermoso en esta última etapa de mi vida.

Al igual que muchos hombres de mi edad, he tenido la diversión de dejar atrás los recelos que sentía de más joven (cuando me preocupaba demasiado lo que otros pensaban de mí), y me he animado a compartir la buena noticia. Y como los enfoques para hacerlo varían tanto como las personas, me he inspirado en muchos que han ido antes que yo para encontrar un camino —ya sea con listas de ítems o con estrategias de amistad— para transformar conversaciones en cuestiones espirituales.

Una vez más, no hay un solo modelo que sirva.

Pero todo se ha transformado en alegría.

La mortalidad es algo real. Cuando termine de vivir mi recta final, voy a morir. ¿Qué tal estas dos últimas oraciones alentadoras? Sin embargo, son la pura verdad. Mis días están contados. No sé cuántos me quedan, pero creo que es un número fijo. Y como esto es verdad, es razonable pensar que cada día que vivo me acerca un día más a ese número inevitable.[5]

La mortalidad es algo real. Cuando termine de vivir mi recta final, voy a morir. ¿Qué tal estas dos últimas oraciones alentadoras?

Pero lo que es cierto para mí es cierto para todos: todos los que conozco y todos los que conoceré. Así que, a la luz de esta inevitabilidad ineludible, cada hombre o mujer que conozco es, como alguien dijo tan bien, una cita divina.

Así que mi pobre papá estaba haciendo lo correcto al preguntarle al encargado de la estación de servicio sobre la iglesia. Y cualquiera que lleva a un vecino perdido a un partido de béisbol para construir una relación también está haciendo lo correcto.

Es hora de que tú y yo simplemente hagamos lo correcto. ¿Qué podemos perder?

Cuanto más viejo me pongo, más fácil se hace

Al mirar atrás a estos últimos años, creo que la puerta de mi disposición a hablar con otros sobre Jesús empezó a abrirse bajo la inspiración de Bobbie, cuando el Día de San Valentín de 2012 le entregaron una sentencia de muerte. La acusación era cáncer de ovarios etapa IV.

Francamente, tanto Bobbie como yo siempre fuimos muy abiertos respecto a nuestra fe. Casi todos los años, hacíamos una fiesta de Navidad para el vecindario y siempre empezábamos con el coro de «Venid, adoremos». Siempre oraba brevemente para dar gracias por la comida. Pero cuando nos dieron su diagnóstico y nos dimos cuenta de que, a menos que ocurriera un milagro, esto marcaría el final de su vida —en poco tiempo—, empezamos a bajar nuestra tonta resistencia a hablar con la gente «perdida» sobre el Salvador, y a dejar de dudar a la hora de orar con ellos.

Durante los 30 meses que duró la batalla de Bobbie, visitamos salas de espera de todo tamaño y forma, algunas llenas de pacientes con sus esposos. En otras, había poca gente. Pero en cada caso, encontrábamos una silla vacía junto a una persona que esperaba y decíamos: «Cuéntanos tu historia».

Ni una vez nos pasó que alguien no quisiera contarnos los detalles de su vida y lo que la había llevado a aquel lugar. Ni una vez. Incluso invitamos a los médicos de Bobbie a hablar de sus vidas con nosotros. Y lo hicieron. Cantamos con ellos. Oramos con ellos.

Es más, cuando Bobbie murió, durante la noche anterior a su funeral, su oncóloga principal esperó varias horas en la fila para expresar sus condolencias. Le dijo a mi hija, que estaba parada junto a mí, que aunque había tratado a miles de pacientes con cáncer, solo otra vez había ido a expresar su compasión a la familia de esta manera. El testimonio de Bobbie y su amor por Jesús la habían impulsado a hacerlo.

Pero, como ya dije, mi esposa sufriente no era la única que hablaba abiertamente a otros de Cristo. Yo también me contagié el bichito. Y cuando ella se fue al cielo en 2014, la infección continuó.

Y, entre nosotros, ha sido una experiencia increíble.

Por la providencia de Dios, mi corazón encontró un nuevo lugar de descanso junto a Nancy Leigh DeMoss, como ya te conté. El Señor puso su nombre en el corazón de Bobbie meses antes de que muriera, con la convicción de que Nancy sería la mujer perfecta para su esposo. ¡Y vaya si tenía razón!

Mientras escribo estas palabras, sonrío al pensar en cómo el Señor le abrió tantas puertas a Nancy a lo largo de su vida. Aunque es diez años menor que yo, hace mucho, mucho tiempo que tiene una pasión por predicar el evangelio como si estuviera en la recta final. Es cierto, hoy en día, ministra desde una plataforma considerable y mundial, pero puedo decirte que, al verla de cerca, nunca pasa por alto la oportunidad de animar a las personas en un contexto de uno a uno. Muchas veces, la he visto orar con mujeres en lugares santos de lo más variados, que van desde pasillos de la iglesia hasta estacionamientos en tiendas.

Y, no es por jactarme, pero dada mi vergüenza anterior al ver a mi papá hacer lo mismo, yo también he recibido plenamente el privilegio de hacer esto mismo. Y eso es precisamente lo que es: un privilegio. He orado con conductores de Uber, con técnicos de sistema de riego, con los carpinteros en nuestra casa y con personas de muchos otros ámbitos de la vida. Y casi siempre, estos encuentros empiezan tan solo al preguntarles si puedo contarles mi propia historia, y después les pregunto las de ellos y escucho con atención.

Durante esta época de tu vida, quisiera animarte a hacer lo mismo. Es más, ya que mencioné mi carrera en ventas (y quién en ese rubro no aprecia una buena frase inicial), aquí tienes una muestra:

«¿Cómo puedo orar por ti?», pregunto.

Nunca nadie rechazó ese ofrecimiento. Nadie. Después, esto me da la oportunidad de ser específico en mi oración: por un matrimonio roto, un hijo rebelde, un problema de salud, por personas y situaciones específicos que son absolutamente reales en la vida de esta persona. Mi objetivo, en ese momento, es amar bien y, como me dijo un compañero de recta final: «compartir la noticia increíble de que Jesús es mi amigo... y que también puede ser su amigo».

No estamos solos

A lo largo de mi vida, a menudo he considerado santos a grandes hombres y mujeres de la Biblia, inmunes a las mismas ansiedades que yo siento respecto a seguir a Cristo y vivir para Él. Pero, hace varios años, un versículo muy conocido recibió una nueva capa de pintura en mi corazón.

> Y estuve entre vosotros con debilidad, y con temor y mucho temblor. (1 Cor. 2:3)

¿Lo captaste? Aquí tenemos al gran apóstol Pablo. Un hombre que se pasó años persiguiendo a los cristianos. Alguien al cual Jesús literalmente tiró del caballo para llamarle la atención. Un hombre que predicó con audacia la buena noticia por el mundo conocido y terminó muriendo ejecutado porque no estaba dispuesto a parar.

Y sin embargo, ¿este «santo» se animó a admitir que, a veces, predicar el evangelio es un desafío? ¿Admitió debilidad? ¿Temblores? ¿Quién hubiera dicho?

O, ¿qué me dices de esto que encontramos en Romanos 1:16? «Porque no me avergüenzo del evangelio, pues es el poder de Dios para la salvación de todo el que cree; del judío primeramente y también del griego».

Así que, en esos momentos en los que estoy en una conversación silenciosa conmigo mismo, *¿debería preguntarle a este hombre cómo puedo orar por él? ¿Es un buen momento para preguntarle sobre su iglesia y su caminar con el Señor? Ahora seguramente no es un buen momento...* Me reconforta el hecho de que si el gran apóstol Pablo no hubiera compartido estos recelos, no habría podido sacar a colación el tema de «no me avergüenzo».

También me encanta el resto del versículo, donde Pablo se refiere a los judíos y los griegos. Si elaborara esta misma oración hoy, lo más probable es que diría algo como: «del tipo que se ve impecable, limpio y prolijo» y «también del que no».

¿Qué te parece?

Si me permites el atrevimiento, me gustaría desafiarte, si estás corriendo tu recta final, a hablarles a otros de tu amor por Dios. Si todavía no lo estás haciendo, se transformará en uno de esos hábitos que tienen su propia recompensa.

La gratitud, y a veces las lágrimas, de hombres que parecen muy duros, te recordarán el gozo y el placer de ser un testigo que no se avergüenza de lo que Jesucristo ha hecho en su vida. La gente de la que estoy hablando aquí es, en la mayoría de los casos, gente que no volverás a ver. Pero como dijo el hombre, tú y yo claramente no tenemos nada que perder. Y, me gustaría añadir, tenemos todo por ganar.

Lo otro que proveerá tu recta final es exposición a ministerios que se dediquen a esta misma clase de evangelización en tu país y en todo el mundo. Esta gente comprometida va donde nosotros nunca podríamos ir, y alcanza a personas que jamás podríamos alcanzar. Para Nancy y para mí, las inversiones que hacemos en estos ministerios son las más valiosas. Y gracias a nuestra edad y a que cada vez tenemos menos obligaciones financieras en el día a día, tenemos más oportunidades para dar a discreción. Probablemente, te pase lo mismo.

Permíteme ser atrevido, pero como tu amigo, me gustaría animarte a dar un paso al frente durante tu recta final y ofrendar más que nunca. Por supuesto, incluye a ministerios en tu testamento, pero también recibe el gozo de la generosidad mientras vivas. Como dice mi amigo Ron Blue: «Mejor ofrendar mientras aquí puedes estar, y saber adónde va a parar».[6]

Estas inversiones forman parte de tu «testimonio». Ahora es un buen momento de tomar un compromiso serio con apoyar ministerios de confianza con tus recursos.

Completa tu tarjeta de baile

Hace 20 o 30 años, te invitaban a muchas bodas. Esta clase de fiestas suelen ser espectaculares. Pero, a nuestra edad, nos encontramos asistiendo a más funerales que bodas. ¿No es cierto?

Tal vez así debería ser. El rey Salomón, que probablemente escribió el libro de Eclesiastés, dijo algo muy interesante al respecto: «Mejor es ir a una casa de luto que ir a una casa de banquete, porque aquello es el fin de todo hombre, y al que vive lo hará reflexionar en su corazón. Mejor es la tristeza que la risa, porque cuando el rostro está triste el corazón puede estar contento» (Ecl. 7:2-3).

En este momento, pienso en algunos de los funerales a los que asistí que me llamaron mucho la atención, en panegíricos que me llevaron a reevaluar cómo pasaría mis días de recta final. Estos tributos nunca hablaban de las victorias o los éxitos económicos del fallecido. Jamás loaban su vestuario o su gusto en automóviles. No, los que más me llamaron la atención —aquellos que me trajeron una profunda convicción— fueron los que hablaban del amor del fallecido por Dios y de su testimonio audaz y tierno a la vez.

Las conversaciones con mi esposa cuando volvíamos de estos servicios siempre giraban alrededor de una resolución renovada de dedicar los años que nos quedan para la gloria de Dios. Historias como esta todavía pueden escribirse en los años que tenemos por delante. Nuestra recta final. No es demasiado tarde.

Durante los años finales de mi carrera de negocios, tuve el privilegio de trabajar con Valerie Elliot Shepard en su editorial. Val es la única hija de Jim y Elisabeth Elliot. Cuando era pequeña, a su papá lo atravesaron con una lanza, y falleció como mártir boca abajo en las aguas poco profundas de una ribera en Ecuador.

Según Elisabeth, una de las cosas que dijo Jim Elliot sobre la línea de llegada de su propia vida —su mismísima recta final— fue: «Cuando llegue la hora de morir, asegúrate de que lo único que tengas que hacer sea morir».[7]

Tal vez no hay otra frase que resuma tan bien nuestro objetivo al correr el último tramo de nuestra recta final.

Oración para la recta final

Padre del cielo, en este momento, me viene a la mente el viejo dicho: «Solo una vida, pronto pasará; solo lo que se hace para Cristo permanecerá». En pocas palabras, esta es la perspectiva que quiero al abordar, o correr, mi recta final. Muchas cosas intentan captar mi atención, y hay muchas ocasiones de apartar la mirada y permitir que estas oportunidades se desvanezcan y queden en el olvido. Mi oración es que tú, mi Señor, me des la energía y la inspiración que necesito para caminar contigo durante esta época importante. Quiero agradarte con estas zancadas, estos pasos, y contarles a todos lo hermoso que eres y el gozo que significa conocerte. Gracias por tu paciencia y por tu amor por mí. Amén.

Ah, una cosa más

CUANDO ERA MÁS JOVEN, solía cortar el césped. Me imaginaba que mi patio delantero era el campo interior de Wrigley, y lo cortaba haciendo como un entramado. Una semana, iba en un ángulo en *una* dirección, y a la semana siguiente, iba al revés, en forma perpendicular a la de la semana anterior, para lograr ese aspecto tan lindo del cuadro de béisbol.

Por supuesto, para lograr este estilo, es fundamental que el césped cortado no caiga al suelo. Así que lo recolectaba en grandes bolsas montadas en la parte trasera de la cortadora de césped. Por un lado, me llevaba más tiempo, pero al final, siempre valía la pena. No quedaba ningún montón de césped muerto desparramado por ahí.

Hago algo parecido cuando estoy trabajando en el manuscrito para un libro. Empiezo lo que yo llamo un archivo «recolector de césped». Artículos que he leído y me resultan útiles, conversaciones con amigos, ideas de últimas horas de la noche… todo esto termina en un archivo con este nombre. A veces, no uso los recortes que voy juntando, pero la mayoría de las veces, sí.

En este capítulo extra —El recolector de césped—, te invitaré a mi archivo. Hay algunas ideas al azar, pero en mi opinión, también otras cosas importantes. En especial, la primera. Investiguemos un poco los recortes y veamos qué tenemos.

La herencia

Una de las cosas que suceden a nuestra edad es que examinamos bien los recursos financieros que estamos dejando atrás para nuestra esposa y nuestros hijos cuando muramos. Ron Blue tiene muchas cosas buenas para decir sobre esto en su libro: *Splitting Heirs: Giving Money and Things to Your Children Without Ruining Their Lives* [La división de herederos: Cómo dar dinero y bienes a tus hijos sin arruinarles la vida].[1]

Pero algo incluso más importante que los bienes rentables es dejar atrás un ejemplo claro de lo que significa ser un hombre que ama a Dios y Su Palabra. Un hombre marcado por la integridad y la profundidad de carácter. Un hombre sujeto a Dios y que personifique el fruto del Espíritu: amor, gozo, paz, paciencia, benignidad, bondad, fidelidad, mansedumbre y dominio propio.

Ya te conté sobre mi abuelo materno, Monroe Dourte. Cuando murió a los 99 años,[2] dejó un testamento que se leyó en voz alta en el funeral. Sus 8 hijos, 35 nietos y decenas de bisnietos y tataranietos estaban allí presentes.

«Dejo para la posteridad —leyó mi tío, el finado reverendo Eber Dourte— una herencia que no será necesario dividir. Es una herencia que puedo dejarle entera a cada miembro de mi familia: mi amor por Cristo y las bendiciones de Su multiforme gracia en mi vida todos estos años».

Al finalizar tu recta final, aunque tus hijos crean que un cheque importante de tu parte pueda garantizarles algo de seguridad financiera, lo que realmente necesitan es el recuerdo de un hombre sabio que les dejó un tesoro invalorable. Una dote que no tiene el precio en la ventanilla.

Tal vez tengas la posibilidad de dejarles a tus hijos mucho dinero. Quizás, no. Pero nunca olvidaré algo que me dijo Ron Blue cuando le pregunté si alguna vez había visto que el paso de una gran riqueza a la próxima generación terminara bien.

Respondió rápidamente: «No, jamás».[3]

En la década de 1990, mientras vivía en Nashville, la Universidad de Belmont me pidió que organizara una mesa redonda mensual con empresarios de segunda y tercera generación. Estos hombres y mujeres brillantes habían heredado su empresa de sus padres o abuelos y ahora se enfrentaban a los desafíos de llevar adelante el negocio familiar sin los fundadores. Si dijera que esta temporada de sus vidas era un desafío me quedaría terriblemente corto.

Esto era especialmente cierto en el caso de parientes políticos y sobrinos. Es más, algunas de las familias más prominentes del centro de Tennessee salieron en los periódicos locales por pelear públicamente sobre la división de las riquezas.

Estas reuniones con empresarios de la siguiente generación se transformaron en una epifanía reveladora. Durante esos años, conocí a Bob Buford. Un gran visionario, Bob descubrió un concepto que transformó en un libro, publicado en 2005 en español, que se volvió en un éxito de ventas. *Medio tiempo: Cambiando tu plan de ataque del éxito al significado*[4] señala a hombres como tú y yo. Hombres que se acercan a transitar su recta final.

Tal como Bob desarrolla en su libro, este puede ser el momento ideal para que hombres como nosotros ajustemos nuestras carteras de inversiones para crear trascendencia con nuestro tiempo y nuestros recursos. Este puede ser el momento ideal para examinar algunas de estas cosas.

Entonces, si no tenemos que dejarle dinero a la posteridad y terminar arruinándole la vida, ¿qué deberíamos aspirar a dejar como legado?

Nancy llama a esto «dejar una huella duradera».

Hace poco, un amigo cercano que está en su recta final necesitaba hacer algo de trabajo de construcción en su casa. La cuadrilla que se presentó a trabajar incluía cuatro hombres jóvenes, ansiosos por hacer un buen trabajo. Cuando terminaron el trabajo, el dueño de la empresa le envió a la esposa de mi amigo el siguiente mensaje: «Ha sido un placer conocer a su esposo en las últimas semanas. Un hombre realmente increíble e inspirador. Cada uno de los hombres de la cuadrilla (me incluyo) lo admiran mucho».

El hombre al que iba dirigido esto me lo compartió tímidamente. No era su intención jactarse. Pero sí quería celebrar conmigo un trabajo bien hecho. Nada del otro mundo ni exagerado. Tan solo un legado sincero de fidelidad que mi amigo se ha esforzado por dejar.

A esto debemos aspirar nosotros a dejar en nuestro testamento. Es lo único que podemos controlar mediante nuestra forma de vivir, en especial durante estos años preciosos, estos años de recta final.

Que Dios te conceda una porción extraordinaria de sabiduría y gracia para hacer precisamente esto. A partir de ahora.

Esos últimos minutos antes
de un examen importante

En los últimos 50 años, he corrido varias carreras —de cinco y diez kilómetros—; nunca un maratón. Ni siquiera lo intenté. Pero varios de mis amigos sí han corrido maratones, y me acuerdo de algo en particular que me dijeron sobre prepararse para la gran carrera. Además de correr muchos, muchos kilómetros en las semanas anteriores al evento, la preparación nutricional es crítica.

Se refieren a eso como «acumular carbohidratos», y respecto al razonamiento que hay detrás, una fuente que sabe sobre el tema me dijo:

> Tu cuerpo solo puede almacenar glucógeno (energía) para sustentar 90 minutos de ejercicio. Después de ese punto, sin el combustible extra, corres peligro de quedarte sin energía y chocar contra la temida «pared».
>
> Las bebidas deportivas y los geles de carbohidratos son buenos para ayudar con los niveles de energía durante una carrera larga, pero aumentar el consumo de carbohidratos tres días antes de la carrera ayuda a garantizar que llegues a la línea final con un nivel óptimo de energía.[5]

Una vez más, aunque nunca corrí los 42 kilómetros desde un campo de batalla hasta Maratón, en Grecia, sé algo sobre la acumulación «precarrera».[6] Mi experiencia tiene que ver con estudiar a último momento antes de un examen importante en la universidad.

En este momento, estoy sonriendo porque me doy cuenta de la verdad de lo que acabo de leer en un sitio web de Oxford:

> Respecto a lo que sucede en el cerebro, las conexiones nerviosas que se forman durante el proceso de estudio intenso son temporales. Toda la información se almacena en la memoria a corto plazo. Así que, aunque estudiar intensamente puede ayudarte a rendir bien a la mañana siguiente, en cuanto a la memoria a largo plazo, no sirve para nada.[7]

Es fácil dejarse llevar por las promesas de una solución rápida. La dieta drástica en enero después de decir «sí» a todo lo que venga bañado en azúcar durante las fiestas. La acumulación de carbohidratos o el estudio a último momento. Pero ambos sabemos que estas cosas no funcionan. La solución que necesitamos se parece más a un compromiso medido, a hacer lo correcto durante los años que nos quedan en la recta final.

La acumulación de carbohidratos puede ayudarnos a correr en forma óptima en una carrera corta, y una dieta drástica tal vez nos ayude a bajar uno o dos kilos en la báscula del baño, pero ninguna es una solución a largo plazo que nos prepare para terminar bien la carrera.

Las palabras sabias del querido escritor cristiano Eugene Peterson hablan de manera hermosa sobre esta idea. Estas y muchas otras pueden encontrarse en su librito *Una obediencia larga en la misma dirección*. Por favor, léelo con atención:

> Existe un enorme mercado para la experiencia religiosa en nuestro mundo; sin embargo, hay poco entusiasmo

por la adquisición paciente de virtud, y muy poco interés en inscribirse para el extenso aprendizaje de aquello que las generaciones anteriores de cristianos llamaban santidad.[8]

Ahí está. Nuestro objetivo al correr esta recta final se puede resumir con una sola palabra: *santidad*.

Así que, si me lo permites, quisiera cerrar la bolsa de tela en la parte trasera de nuestra cortadora de césped tomando un concepto que solía producir pánico, pero ya no. Es un marcador al que aspiro con entusiasmo mientras completo mi propia recta final. ¿Te gustaría unirte a mí?

La santidad

Desde que era pequeño, recuerdo escuchar la palabra «santidad» usada para modificar a otras. Por ejemplo, acompañada por la palabra «campamento», como en «Holiness Camp» [Campamento de Santidad]. Este lugar ubicado en el condado de Lancaster, en Pennsylvania, estaba lleno de mujeres vestidas con prendas abultadas y poco favorecedoras, con las manos cruzadas y los ojos mirando al cielo, mientras se deslizaban de una reunión a otra y forzaban sonrisas a través de sus labios apretados.

Cuando los muchachos como yo intentaban hacer cualquier cosa que se pareciera a un juego o algo trivial, se nos reprendía con una aclaración de garganta, una mirada de reojo y un ceño fruncido.

Yo no elegía el «campamento de santidad» entre otras opciones veraniegas. La realidad era que no tenía opción. Desde mi perspectiva de ocho años, era lo más parecido a un «castigo cruel e inusual».

Los anfitriones eran mis abuelos paternos. (Lo más probable es que a esta altura no te sorprenda). A mi abuela era imposible verla vestida con ropa colorida. Negro y gris (o azul marino si se sentía especialmente arriesgada) fueron los únicos colores que la vi usar. Su esposo, al cual ella llamaba «Papá», la seguía respetuosamente a todas partes. De vez en cuando, intentaba forzar una que otra sonrisa. ¿Él? Jamás.

No quedaba duda. Esto de la santidad era cosa seria. Por supuesto, también estaba acostumbrado a escuchar la palabra «santa» junto con «Biblia», «Cena» y la noche de Navidad. Pero ¿usar la palabra para describir a personas como tú y yo? No sonaba para nada emocionante. Ya había visto a personas así. A muchas. No, gracias.

¿Con que eso es la santidad?

Con el sentido del humor que claramente tiene Dios, en 2015, me casé con una mujer que había escrito un libro titulado: *Santidad: El corazón purificado por Dios*. Así que, la santidad no solo es esa palabra que describe un campamento enclaustrado y aburrido; ¡ahora era el título de uno de los libros mejor vendidos de Nancy! ¡Ay, ay, ay!

En el primer capítulo, Nancy habla de sus primeras experiencias con el concepto.

> Tuve la dicha de crecer en un hogar donde la santidad era importante y se tomaba con seriedad, al tiempo que se la presentaba como algo maravillosamente deseable y atrayente. Desde mi más tierna infancia

recuerdo haber pensado que la santidad y el gozo eran inseparables.[9]

¿La santidad y el gozo? ¿Dicha? ¿En serio? No sé tú, pero esto es información nueva para mí.

Es más, en el libro, Nancy describe a su papá, Art DeMoss, mi suegro, un hombre al que nunca conocí, pero que dejó una huella indeleble en su hija, su esposa y sus hijos, y miles y miles de otras personas. Nancy escribió sobre su papá:

> Antes de su conversión que tuvo lugar hacia los 25 años, él era un apostador bohemio que buscaba desenfrenadamente la emoción y la felicidad. Cuando Dios lo tocó y redimió, su estilo de vida cambió de manera drástica. Ya no deseaba los «tesoros» terrenales con los que había intentado llenar los vacíos de su corazón. Había hallado «la perla de gran precio» que por tantos años le faltó. Él amaba la ley de Dios y nunca consideró la santidad como una carga. Sabía que el pecado era la verdadera carga y nunca dejó de maravillarse ante el hecho de que Dios en su misericordia lo había liberado de ella por medio de Cristo.[10]

Un hombre perdido; ahora, encontrado… y buscando santidad. ¿No es maravilloso? Claro que sí. ¿Quieres un poco de eso? Yo también.

Examíname, oh Dios

Para muchos, el año 2020 fue el que podría catalogarse como el peor de todos. Para todo el mundo, comenzó con una pandemia llamada COVID-19. Debido al virus, millones de personas murieron en el mundo. En Estados Unidos solamente, la cantidad de muertos es impensable. Un año atrás, no habríamos imaginado algo semejante.

Este virus espantoso no solo se cobró vidas, sino que también tomó la robusta economía estadounidense y, sin la ayuda de nadie, la hundió. La pandemia nos trajo dos palabras que nunca se habían usado juntas: distancia social.

Mientras el mundo luchaba con la manera de abordar este «asesino silencioso», Nancy y yo enfrentábamos una crisis propia. Como ya mencioné, la mía empezó con un diagnóstico de melanoma en febrero. Después, mientras me recuperaba de dos cirugías, me enfrenté a otro cáncer. El resultado inmediato fue muchas transfusiones de sangre y estudios médicos; entre ellos, tres tomografías y una resonancia magnética del cerebro.

Como tengo una tendencia a la claustrofobia, mantuve los ojos cerrados mientras estas máquinas se tragaban lentamente mi cuerpo. Si alguna vez te hicieron uno de estos estudios, sabes a qué me refiero. También sabes que te dan instrucciones estrictas de «mantenerte bien quieto».

Las tomografías duraban unos 30 minutos, y descansaba. Pero la resonancia magnética duró 40 minutos, y la cabeza me iba a mil revoluciones. Mientras estaba acostado allí, esta máquina increíble tomaba fotos de todo lo que hay en mi interior. Nada quedó sin escanear.

Fue como si Dios tomara estos minutos para hablarme en una voz casi audible. Fue como si me recordara lo que vio el rey David en el Salmo 139. Varios años atrás, lo memoricé, y hay una parte que se desvaneció de mi memoria consciente. Pero en medio de la quietud, muchos de estos versículos me transmitieron templanza y consuelo, como el primero: «Oh Señor, tú me has escudriñado y conocido» (Sal. 139:1).

Mi Padre no necesita una máquina que zumba, martilla y resuena como esta para ver en mi interior. Él ve todo. Sabe todo. Su santidad y Su perfección me dejan sin aliento, y Su gracia me trae una paz indescriptible. No hay nada que este médico podría decirme sobre los resultados de este examen interno que Dios ya no sepa.

Una de las realidades, así como las bellezas, de nuestra recta final es que estamos más cerca —*mucho* más cerca— de la línea final que antes. Y, aunque no recomendaría pagar una resonancia con este propósito, permíteme alentarte a hacer lo que hice aquella tarde y permitir que Dios saque fotos de tu corazón: tus motivaciones, tus palabras, tus relaciones, tu deshonestidad… tu pecado.

Dale gracias por esta intervención y por Su amor y gracia.

Mientras volvía a casa de esta experiencia, tuve la oportunidad de contarle a Nancy lo que había sucedido. Su ternura y su sabiduría fueron invalorables. Una vez más, te animo a hacer lo mismo. Busca a alguien de confianza que te escuche, y celebra lo que Dios está haciendo en tu interior. Después, con la ayuda de Dios, sigue esforzándote por buscar la santidad. No la versión con la que yo crecí… la santidad de verdad.

Prólogo a la oración

Poco después de que Nancy y yo nos casamos en 2015, nos hicimos el hábito de llamar a su madre los domingos por la tarde. Desde que mi propia madre falleció en 2010, extrañaba llamar «madre» a una mujer mayor, y la mamá de Nancy me dio permiso para hacerlo. Su madre me aceptó como si fuera otro hijo.

A medida que nuestra conversación va llegando a su fin cada semana, siempre le sugiero dedicar unos minutos para bendecir nuestra llamada. Entonces, tengo la oportunidad de agradecerle al Señor por toda nuestra familia y orar por cada persona por nombre.

Ya vamos llegando al final de nuestra conversación sobre la recta final. Ha sido un privilegio compartir estas horas contigo. Si me lo permites, quisiera bendecir el tiempo que pasamos juntos…

Última oración para la recta final

Gracias, Señor, por darnos a mi amigo y a mí la oportunidad de pasar estas horas juntos. Te pido una bendición especial para él y su familia. Gracias por el privilegio que nos has dado de dar estos grandes pasos juntos, lado a lado. Gracias por el gozo que todavía ha de venir a la vida de mi amigo, y gracias de antemano por inspirarlo a un amor más grande por ti, un afecto renovado por su esposa y su familia, y una convicción renovada a la santidad personal… un nuevo deseo de agradarte. Pido esto en el nombre poderoso de Jesús, el cual corrió esta carrera antes que nosotros para mostrarnos cómo se hace. Amén.

Con gratitud

EN 1957, MI PAPÁ ME llevó a la planta de montaje de Chevrolet en St. Louis. En esa época, no se usaba la robótica. Todo se hacía con personas reales. Todavía escucho los chasquidos y veo la llamarada de las soldadoras y el sonido chirriante de las llaves de impacto mientras estos hombres encajaban cada pieza en su lugar con cuidado. Mientras pienso en aquella experiencia, recuerdo claramente sentirme abrumado al ver cómo todo funcionaba en perfecta secuencia.

Aunque nunca tuve un Chevy del 57, siempre me atrajeron. Sin duda, se debe a que estuve ahí y vi cómo nacían.

Unas poleas elevadas traían el guardabarros o la puerta adecuados desde el techo de la planta, de manera que combinara con el color del resto del auto, y llegaban a la línea en el momento adecuado. Sabiendo lo importante que era que cada parte del auto se ensamblara en justa combinación con las demás, esto también se orquestaba a la perfección.

Un libro se parece a esto. Como el nombre de una sola persona aparece en la cubierta, los lectores pueden llegar a la conclusión errónea de que esa persona lo logró sin demasiada ayuda. Ah, ¡qué conclusión tan errada!

Si miras las iniciales en la base del lomo, verás las letras «B&H». Mi exsocio de negocios, Michael Hyatt, y yo nos asesoramos con esta casa editorial —Broadman & Holman— durante dos años a principios de la década de 1990. En mi corazón, siempre habrá un lugar especial para esta editorial; y como hace más de 40 años que estoy en esta industria, tengo el lujo de gozar de amistades profundas en todos los ámbitos.

Por ejemplo, aunque no editaron este libro en inglés (y les pedí permiso para llevarlo a otros editores), la idea original de *Recta final* surgió de Randall Payleitner y Amy Simpson en Moody Publishers, que habían publicado mis dos títulos anteriores. Muchas de las personas de Moody son queridos amigos; entre ellos, Greg Thornton y Paul Santhouse, y siempre estaré agradecido por ellos.

En todos los años que he escrito, Missy y Jon Schrader, y Julie y Christopher Tassy… mis hijos… han sido mis animadores incansables. Doy muchas gracias por ellos. Mis nietos Abby y Ben Quirin, Luke Schrader, Isaac Schrader, Harper Tassy, y Ella Tassy me han ayudado a seguir adelante, a través de conversaciones por FaceTime y mensajes de texto ocasionales y dulces.

Gracias a la maravilla de la tecnología, mis cinco hermanos, sus cónyuges y yo formamos parte de un «grupo de mensajes» hace muchos años. Esto nos permite estar juntos durante épocas difíciles y animar a los demás cuando todo va bien. Además de mis hermanos y mi cuñada, que aparecen en el próximo párrafo, también doy gracias por Ruth Guillaume, Mary Gayle Wolgemuth, Sharon Wolgemuth y Debbie Birkey. Cuando me casé con Nancy, su familia me adoptó plenamente. Estoy sumamente agradecido por «Madre» (la otra Nancy DeMoss), Charlotte DeMoss, Deborah DeMoss Fonseca y su esposo Rene, Mark DeMoss y su esposa April, Paul DeMoss, y Elisabeth DeMoss.

Como leíste este libro, ya sabes que hablo mucho sobre conversaciones con amigos e identifico sabiduría que he espigado de sus experiencias de vida. Mi hermano mayor, Ken, es el único que menciono por nombre en el texto, pero hubo muchos otros... incluido Sam Wolgemuth, mi hermano más grande, y Stanley Guillaume, el maravilloso esposo de mi hermana mayor. Además, gracias a Mary Wolgemuth, la esposa de mi hermano Dan, la cual me dio los detalles asombrosos sobre la recta final de su papá.

También hubo otros amigos que se tomaron el tiempo para romper su cerdito de recuerdos y compartir sus experiencias y sabiduría para la recta final: Greg Laurie, Philip Yancey, Joshua Rogers, Colin Smith, el Dr. Ray Ortlund, el Dr. George Grant, el Dr. David Cooke, el Dr. David Swanson, el Dr. Jack Graham. (Todos estos doctores... parece una escena de la película *Misión recontraespionaje*, ¿no?). Y a otros amigos que accedieron a añadir su buen nombre a la lista de «avalistas»... como Michael Hyatt, Ray Ortlund, Bob Lepine, Greg Laurie, Raleigh Washington, Jack Graham, Ken Davis y George Grant.

Este libro empieza con la historia de Ralph Foote, un corredor de distancia cuando estaba en el segundo año de la universidad en 1969. Fue el primero en demostrarme... a mí y a muchos espectadores que estaban prestando atención... cómo se ve la recta final en la pista. Su ayuda para ajustar detalles de su historia y su entusiasmo por este libro han sido de gran aliento.

Mientras trabajaba en el manuscrito, cinco hombres jóvenes estaban trabajando en nuestra casa, reconstruyendo una escalera de 90 escalones que desciende desde el patio trasero hasta el río que pasa cerca. Aunque mis días de llevar madera pesada y manejar la sierra eléctrica quedaron atrás, estos hombres me permiten observar y orientar desde la comodidad de mi terraza. Son una inspiración, y quiero agradecerles aquí: Peter Rienks, Jason Alphenaar, Evan Freel, Caleb Wintek y Ken Thompson.

Otros amigos notables y queridos durante esta etapa, los cuales ayudaron a mantener mi corazón a flote, incluso sin saberlo. Joshua Rogers, Steve y Diane Oldham, Dan y Vicki Alley, Jim y Edith Hall, Tom y Julie Essenburg, Marilyn Habecker, Sharon Seeberger, el Dr. Lowell Hamel, Del y Debra Fehsenfeld, Byron y Sue Paulus, Rene' y Deborah Fonseca. Además, Bruce Johnson y Kris Zylstra han sido amigos alentadores y aliados valiosos durante estos meses.

Por supuesto, está la casa editora… la empresa cuyo nombre está en el letrero en frente de la planta de montaje… B&H. Devin Maddox y Taylor Combs fueron los hombres a los cuales presenté la idea de *Recta final*. Una vez que se sumaron y hasta el final, su equipo se lanzó a ayudar. Con afirmar que ha sido una experiencia deleitosa, me quedo muy corto. Doy gracias por cada uno de ellos: Lawrence Kimbrough, Jenaye White, Mary Wiley, Kim Stanford, Jade Novak, Susan Browne y muchos más.

En mi línea de trabajo, hay un eslabón necesario entre autores y editores. Los llamamos agentes… y yo tengo los mejores. Austin Wilson, Andrew Wolgemuth y en especial Erik Wolgemuth, los cuales manejaron esta relación editorial a la perfección. Los tres me brindan muchísimo ánimo cada día. Doy gracias de tan solo pensar en el poder de su apoyo.

He esperado hasta el final para agradecer a la persona más importante de la línea de montaje... mi preciosa esposa, Nancy. Como ya sabes, es una escritora y editora veterana, así que entiende el costo de «encerrarse» durante meses para completar el primer borrador, y luego de editarlo una y otra, y otra vez. Muchas veces, durante el verano de 2020, le di un beso de buenas noches mientras estaba sentada en nuestra terraza, deleitándose en la belleza de un atardecer en Michigan. Sacrificó la compañía muchas, muchas de estas noches... para que yo pudiera acostarme temprano y levantarme antes del amanecer a escribir al día siguiente. Además de mi trabajo en este manuscrito, estuve lidiando con dos cánceres... y la «enfermera Nancy» fue el dulce regalo de Dios de apoyo, amor y cuidado. Sencillamente, este libro no se habría escrito sin el apoyo y el aliento de esta preciosa mujer. Te amo, querida Nancy. «Mujer hacendosa, ¿quién la hallará? Su valor supera en mucho al de las joyas. En ella confía el corazón de su marido, y no carecerá de ganancias» (Prov. 31:10-11).

Después, estás tú. Mi amigo, el lector. Sin ti, el árbol que se cae en el bosque no habría emitido sonido alguno. Gracias por las horas que dedicaste a absorber estas palabras. Mi más profunda esperanza es que hayas recibido ánimo para tu propia recta final.

Por último, cada hora que paso sentado frente a este teclado escribiendo palabras, soy bien consciente de la presencia de Aquel que la Biblia llama «el Ayudador». El Espíritu Santo fiel de Dios que inspira y motiva. Mi oración siempre ha sido que no me dé el lujo de escribir desde una torre de marfil, sino desde las trincheras de la vida real... de manera que, como lector, ese mismo Espíritu Santo pueda animarte, informarte e inspirarte... en parte, debido a las palabras que usé, pero mayormente, gracias a Su propio susurro. Eso sería maravilloso.

Mi corazón está rebosando.

Notas

DEDICATORIA

1. J. I. Packer, *Finishing Our Course with Joy: Guidance from God for Engaging with Our Aging* (Wheaton, IL: Crossway, 2014), 21-22.

INTRODUCCIÓN

1. Si te estuviera hablando con un micrófono desde una plataforma, tendría que ser bastante patético para que te levantes y te vayas mientras estoy hablando. Pero con un libro, si estás aburrido, no tienes reparo en dejarlo de lado y no volver a abrirlo. Admito que lo he hecho muchas veces. Probablemente, tú también. Además, es posible que si un libro no te inspira a seguir leyendo, no vayas a animar a otro a comprarlo también. Lo más probable es que no. ¿No es cierto?

2. No logro recordar ni la ciudad ni la empresa que estaba visitando; solo me queda el recuerdo de lo que sucedió.

3. En Tennessee, les decíamos «ruinas».

4. No me está pidiendo el informe del cardiólogo. Está inquiriendo sobre el estado de mis pensamientos y emociones.

5. ¿Alguna vez te preguntaste por qué los muchachos como Sócrates o Salomón no tenían apellido?

6. La mayoría de los eruditos concuerdan en que Salomón se refiere a sí mismo con la palabra «Maestro».

7. Barbara Worthington, *«Elder Suicide: A Needless Strategy»*, https://www.todaysgeriatricmedicine.com/news/exclusive_03.shtml, cursiva añadida.

CAPÍTULO 1: ¿SE NECESITA UN ENTRENADOR PARA ESTO?

1. http://www.tethercars.com/cox-models/

2. Adaptado de *She Calls Me Daddy,* por Robert Wolgemuth (Wheaton, IL: Tyndale House Publishers, 1996).

3. En una conversación con Ralph mientras escribía este manuscrito, para apuntar bien los detalles... él mencionó que no se saltó ni un día de entrenamiento durante 22 años. Le pedí que lo repitiera para asegurarme de haber escuchado bien. Le pregunté si podía escribirlo y enviármelo por correo electrónico. Así lo hizo. Al mirar mi propia vida, lo único que he hecho por esa cantidad consecutiva de años es lavarme los dientes. Estoy bastante seguro.

4. Nadie estaría más sorprendido por esto que la señorita Kilmer, mi maestra de lengua en el primer año de la escuela secundaria.

5. Se llamaba Barbara Jean, pero como sus padres siempre quisieron un hijo que acompañara a su hija mayor, siempre le dijeron Bobbie. Es más, su tumba sencillamente dice: «Bobbie Wolgemuth. 7 de enero, 1950 – 28 de octubre, 2014. Regocíjate. Da gracias. Y canta».

6. John H. Sammis, «*Trust and Obey*» (1887), dominio público.

7. La Biblia en un año © 2011 por Tyndale House Publishers, Wheaton, Illinois, 60187. Todos los derechos reservados.

8. A menudo, les envío estos versículos a varios amigos también.

9. Colin S. Smith, pastor principal de The Orchard, Arlington Heights, Illinois.

10. «Poned la mira en las cosas de arriba, no en las de la tierra» (Col. 3:2).

11. «Pues como piensa dentro de sí, así es» (Prov. 23:7).

CAPÍTULO 2: CORREDOR, A TU MARCA

1. Su segundo nombre también era Graybill. Era el apellido de soltera de su madre: Lizzie Shelley Graybill Wolgemuth. Claramente, ella no tenía acceso a un nombre de bebés, o si lo tenía, sentía una lealtad profunda con su nombre de soltera como para decidir darle a su hijo una doble dosis del mismo.

2. Puedes aprender más sobre esta forma de disciplina infantil buscando en Google «crianza basada en la vergüenza». Mi abuelo no

tenía acceso a internet. Aun si lo hubiera tenido, tal vez lo habría hecho igualmente.

3. Vivíamos a las afueras de la ciudad, pero a comparación de una granja en el condado de Lancaster, era la ciudad.

4. De *The Most Important Place on Earth* por Robert Wolgemuth (Nashville, TN: Thomas Nelson Publishers, 2004, 2016).

5. He usado esta brillante expresión probablemente mil veces a lo largo de mi carrera.

6. Robert Wolgemuth y Mark DeVries, *The Most Important Year in a Man's Life* (Grand Rapids, MI: Zondervan, 2013).

7. Esta es la clase de cosas con las que puede ayudarte un profesional.

CAPÍTULO 3: DEJADO ATRÁS

1. Como ofrenda de paz, mi amigo técnico envió una caja de helado. Llegó en unos días. La verdad es que ayudó.

2. Cada minuto, se suben 300 horas de videos de YouTube, https://merchdope.com/youtube-stats/#:~:text=Facts%20and%20Numbers&text=300%20hours%20of%20video%20are,on%20Youtube%20every%20single%20day.&text=In%20an%20average%20month%2C%208,49%20year%2Dolds%20watch%20YouTube.

3. «Hacer FaceTime». Esa es una expresión que no existía cuando éramos adolescentes.

4. Esta sociedad recibe a personas de todos los ámbitos de la vida que tengan un CI en el percentil 98 o mayor, con el objetivo de disfrutar de la compañía mutua y participar de una amplia gama de actividades sociales y culturales, https://www.mensa.org/mensa/about-us.

CAPÍTULO 4: MONÓLOGO INTERNO

1. D. Martyn Lloyd-Jones, *Spiritual Depression: Its Causes and Cures* (Grand Rapids, MI: Eerdmans, 1965), 20-21; énfasis añadido.

2. *Ibid.*

3. Probablemente, este salmo se incluía en la letra cantada por un coro en honor a un rey. Así que esta cuestión del monólogo interior puede haber sido parte de una confesión colectiva. C. H. Spurgeon concuerda, https://www.christianity.com/bible/commentary.php?com=spur&b=19&c=42.

4. «*My Worth Is Not in What I Own (At the Cross)*»; *Passion*—Sing! *The Life of Christ Quintology (Live)* (2020); Compositores: Keith Getty / Kristyn Getty / Graham A. Kendrick; letra© Make Way Music, Getty Music Publishing.

5. Dos de ellos han sido mis colegas profesionales desde 2005.

6. A nuestra edad y con hijos crecidos y tal vez nietos adultos, el ánimo que le di a mi papá aquel día tal vez también se aplique a nosotros. Nada de evaluación. Solo celebración.

CAPÍTULO 5: OTRO AÑO MUY IMPORTANTE

1. En 2003, escribí un libro con mi amigo Mark DeVries, llamado *The Most Important Year in a Man's Life: What Every Groom Needs to Know*. Animaba a los hombres a hacer cosas buenas y establecer buenos hábitos durante su primer año de matrimonio. Este consejo aquí es una mirada desde el otro extremo de la vida.

2. Resulta ser que el Señor me regaló dos hijas. Cuando sus novios me preguntaron si podían casarse con estas muchachas, pude experimentar en carne propia lo que seguramente sintió el papá de Bobbie. A veces, el Señor no se enoja; se desquita.

3. De hecho, uno de ellos era un terapeuta para matrimonios.

4. Jeff Boss, «*13 Habits of Humble People*», *Forbes* (1 de marzo, 2015), https://www.forbes.com/sites/jeffboss/2015/03/01/13-habits-of-humble-people/#da8c74849d51.

5. El título de un libro: https://www.amazon.com/Lord-Give-Patience-Right-Now/dp/1426707606/ref=sr_1_1?dchild=1&keywords=give+me+patience+and+give+it+now&qid=1594893845&s=books&sr=1-1.

6. Robert Wolgemuth, *Como el buen pastor* (Grand Rapids, MI: Editorial Portavoz, 2017).

7. Exodus Design Studios, copyright Katherine F. Brown, todos los derechos reservados. Utilizado con permiso.

8. Y, como mencioné antes, hay maneras de abrirse paso por este desafío. Si ella es más matutina y le gusta irse a dormir temprano, acurrúcate con ella. Ora con ella y abrázala hasta que se duerma. Después, sal en silencio y aprovecha a leer o a remodelar la cocina. Por la mañana, cuando ella esté completamente despierta y tú estés en la tierra de los

sueños, tal vez ella puede acurrucarse contigo un rato antes de levantarse y comenzar el día. Esto funciona para muchas parejas. Como con Nancy y conmigo.

9. La parte de morir sería para un libro entero. Tal vez algún día.

10. Hice una lista de 50 preguntas. Algún día, cuando no tengas nada para hacer, tal vez te la muestre.

11. Joshua Rogers, *Confessions of a Happily Married Man* (Nashville, TN: Worthy Books, 2020).

12. En ambos casos durante la comida, nos esforzamos por sentarnos frente a frente sobre el borde de la mesa, para que sea más fácil tomarnos de la mano.

CAPÍTULO 6: EN FORMA PARA ESTA CARRERA

1. https://www.insight.org/resources/bible/the-general-epistles/hebrews

2. Es como lamer el cuero de un pez muerto.

3. Busca en Google: «Comer limpio», y obtendrás muchas razones por las cuales hacerlo, y sugerencias al respecto.

4. Como muchos saben, Muhammed Ali dijo: «No es jactarse si tienes con qué respaldarlo». Hace poco, me enteré de que Ali lo tomó de Dizzy Dean, el grande del béisbol de los Cardinales de San Louis.

5. Puedes leer la historia de Ken en su libro *Fully Alive: A Journey that Will Change Your Life* (Nashville, TN: Thomas Nelson Publishers, 2012).

6. Desde esta decisión en marzo de 2015, he ahorrado mucho dinero y varias calorías. No extraño el vino tanto como pensaba. No se trató tanto de una decisión moral; la gente tiene distintas convicciones, y tal vez no tomes la misma decisión. ¡Pero sin duda, no lo he lamentado!

7. En borradores anteriores de este manuscrito, escribí «médico o médica» en referencia a tu doctor. Sé que es adecuado aclararlo. Es más, varios de los especialistas que me han cuidado de manera excelente en los últimos años han sido mujeres. Pero aquí estoy hablando de tu médico de cabecera. El médico al que acudes siempre. Si me disculpas el atrevimiento… debería ser un varón.

8. Tampoco lo está «Dios ayuda a los que se ayudan a sí mismos».

9. https://bigeagle.store/product/the-broad-and-narrow-way-to-heaven-religious-poster-canvas-print-wooden-hanging-scroll-frame/?gclid=EAIaI QobChMI1deAx7au6gIVhYbACh0foQG6EAQYASABE-gIEWvD_BwE.

10. El pastor Colin Smith lo desarrolla en forma brillante en su mensaje de Deuteronomio 6, llamado «*Forget Balance, Pursue Alignment*» [Olvídate del equilibro, preocúpate por alinearte], YouTube (6 de febrero de 2014), https://www.youtube.com/watch?v=Wze7uK42L88.

11. Tristemente, algunos de estos dólares fueron a parar a gente cuyo cuerpo estaba a temperatura ambiente. Debido a su enormidad, la burocracia federal es susceptible a esta clase de errores.

12. Bill Briggs, «*"Get Off My Lawn!" Why Some Older Men Get So Grouchy*», NBC News (28 de diciembre de 2012), http://www.nbcnews.com/id/50305818/ns/health-mens_health/t/get-my-lawn-why-some-older-men-get-so-grouchy/#.Xv33dJNKhRE.

13. *Ibid.*

14. «*Why Americans Are Underprepared for Retirement*», *Newsweek* (22 de agosto de 2020), https://www.newsweek.com/amplify/why-americans-are-under-prepared-retirement-5-mind-boggling-facts-you-must-know.

CAPÍTULO 7: EL TIEMPO LIBRE NO ES GRATIS

1. Y, ya que estamos, Bobbie merece mucho más crédito que yo. Creció en un vecindario de Washington, D. C., y quería mucho más a sus vecinos que yo cuando era niño. Ella sabía cómo hacerlo.

2. A veces, los padres usan el plural «nuestros», cuando están hablando del singular «tus».

3. John Piper, «*Love Your Neighbor as Yourself, Part 1*», DesiringGod.org (30 de abril de 1995), https://www.desiringgod.org/messages/love-your-neighbor-as-*yourself-part-1*.

4. *Ibid.*

5. *También tengo una* historia graciosa al respecto. Otro día, en otro momento.

6. Publicado por Crossway Books, copyright © 2018, Rosaria Champagne Butterfield.

7. El tema de servir alcohol suele surgir cuando se planea una cena. Si tú y tu esposa son abstemios, te animo a invitar a los vecinos a llevar cada uno su propia bebida. Tal vez quieras comprar algunas copas baratas de vino para que parezca que estás preparado. Mi historia preferida sobre esto es de los padres de Nancy que, a través de los años, invitaron a miles de personas a cenar a su casa para hablarles de Jesús. Nancy recuerda que su papá sacaba ceniceros para los fumadores, para que no se sintieran parias.

CAPÍTULO 8: UNA INVERSIÓN QUE VALE LA PENA

1. Robert Wolgemuth, *She Still Calls Me Daddy: Building a New Relationship with Your Daughter After You Walk Her Down the Aisle* (Nashville, TN: Thomas Nelson Publishers, 2009).

2. Lo más probable era que a Moisés le hicieran la manicura en el palacio.

3. Éxodo 18:19-23.

4. Para que conste, un autor mucho más exitoso que yo.

CAPÍTULO 9: CORRER CON DIFICULTAD

1. Max Cleland, *Strong at the Broken Places* (Waco, TX: Word Publishers, 1986).

2. Como haría la mayoría de los hombres.

3. Todo el mundo ha tenido que hacer escala en Dallas.

4. 2 Corintios 12:7.

5. No le cuento a mi esposa cada dolor y molestia que tengo. Probablemente, debería, pero no lo hago.

6. La palabra *hombre* se traduce de distintas formas en diversas traducciones. En la versión New King James, en inglés, aparece con mayúscula.

CAPÍTULO 10: VIVIR PARA DAR A CONOCER A CRISTO

1. https://www.ligonier.org/learn/series/dust-glory-old-testament/ecclesiastes-ot/

2. Todos nosotros… incluida nuestra madre.

3. Excepto nuestra madre. Nunca la habría dejado atrás... y nosotros lo sabíamos, así que durante esas paradas, nos quedábamos cerca de ella.

4. https://evangelismexplosion.org/about-us/

5. Como se suele decir, si el Señor se demora y el tiempo lo permite, mi próximo libro apuntará a la línea de llegada... experimentar el gozo de completar nuestra carrera.

6. Ron es un hombre educado. Aunque es contador público, no suele hablar así... excepto para producir un efecto.

7. Elisabeth Elliot, *Through Gates of Splendor* (Carol Stream, IL: Tyndale House Publishers, 1986), 253.

EL RECOLECTOR DE CÉSPED: AH, UNA COSA MÁS

1. Ron Blue (Chicago, IL: Moody Publishers, 2004).

2. Incluso a esta edad, no usaba anteojos. Ni siquiera para leer la letra chica de su Biblia. Ojalá lo hubieras conocido.

3. Esto fue antes de que Ron escuchara cómo la familia Green, los fundadores de la megatienda Hobby Lobby, quería pasar su riqueza a la próxima generación. Claramente, esta familia es la excepción a la regla. Ver Brian Solomon, «*Meet David Green: Hobby Lobby's Biblical Billionaire*», *Forbes* (18 de septiembre de 2012), https://www.forbes.com /sites/briansolomon/2012/09/18/david-green-the-biblical-billionaire -backing-the-evangelical-movement/#75621cf85807.

4. Bob Buford, *Halftime: Moving from Success to Significance* (Grand Rapids, MI: Zondervan, 1994).

5. Alice Palmer, «*60-Second Guide: Carb-Loading*», *Runner's World* (23 de abril de 2010). https://www.runnersworld.com/uk/nutrition /a763961/60-second-guide-carb-loading/.

6. Como una alusión a la historia griega, el primer maratón conmemoró la carrera del soldado Filípides desde un campo de batalla cerca de la ciudad de Maratón, Grecia, hasta Atenas en 490 a. C. Según la leyenda, Filípides corrió aproximadamente 40 kilómetros (25 millas) para anunciar la derrota de los persas a algunos atenienses ansiosos. Como no estaba en forma para la temporada, entregó su mensaje: «*¡Niki!*» (¡Victoria!) y después colapsó y murió.

7. https://www.oxfordlearning.com/the-pros-and-cons-of-cramming/

8. Eugene H. Peterson, *Una obediencia larga en la misma dirección: El discipulado en una sociedad instantánea* (Miami, FL: Editorial Patmos, 2005).

9. Nancy Leigh DeMoss, *Santidad: El corazón purificado por Dios* (Grand Rapids: MI: Editorial Portavoz, 2020).

10. 10. *Ibid.*, 13.